Matthias Wolff
PRIVATDETEKTIV

Matthias Wolff

PRIVAT DETEKTIV

Wahre Fälle eines geheimen Ermittlers

Pendo München Zürich

Mehr über unsere Autoren und Bücher:
www.pendo.de

FSC
www.fsc.org
MIX
Papier aus verantwortungsvollen Quellen
FSC® C083411

ISBN 978-3-86612-336-6

Gesetzt aus der Swift
Satz: Kösel, Krugzell
Druck und Bindung: CPI – Clausen & Bosse, Leck
Printed in Germany

VORWORT

»Guten Tag, ich wollte eigentlich zu Herrn Wolff, dem Privatdetektiv«, stotterte der junge Mann, der vor meiner Tür stand, irritiert.

»Das bin ich«, antwortete ich lächelnd und streckte ihm die Hand hin. »Herr Krämer, nehme ich an? Ich glaube, wir haben vorhin miteinander telefoniert.«

Der sportliche Mittdreißiger mit Lederturnschuhen und Sonnenbrille nickte und schüttelte mir die Hand.

»Bitte entschuldigen Sie, aber Sie sehen gar nicht aus wie ein Detektiv«, murmelte er, immer noch verdutzt, »ich dachte, ich hätte mich vielleicht in der Hausnummer geirrt.«

»Kein Problem«, erwiderte ich gelassen – das passierte mir schließlich nicht zum ersten Mal. Wenn ich Menschen kennenlerne, seien es Nachbarn, Fußballkollegen oder Freundinnen meiner Frau, sind viele zunächst überrascht zu hören, dass ich Privatdetektiv bin. Die meisten haben ein ganz bestimmtes Bild im Kopf, zum Beispiel Sherlock Holmes, mit einer Pfeife im Mund und einer überdimensional großen Lupe in der Hand. Oder Hercule Poirot, den kleinen Belgier mit dem auffälligen Zwirbelbart. Ich fragte meinen potenziellen neuen Klienten, wie er sich mich denn vorgestellt hatte.

»Na, so ein bisschen wie Humphrey Bogart«, antwortete er, »Sie wissen schon, als Philip Marlowe. So ein Typ in Trenchcoat, mit hochgeklapptem Kragen und Pokerface.«

Ich grinste. Ich hatte an dem Tag mein übliches Arbeitsoutfit an: Turnschuhe, Jeans, ein bedrucktes T-Shirt, Basecap. Ich sah aus wie ein ganz normaler Ehemann und Familienvater, der einem ganz normalen Job nachging. Dabei ist genau das der Trick: Während der Arbeit trage ich natürlich keine Kleidung, in der man mich auf der Straße sofort als Detektiv identifizieren würde.

Nicht nur mein Äußeres, auch meine Detektei ist auf den ersten Blick ziemlich unscheinbar. Sie liegt im Souterrain unseres Einfamilienhauses in einer ruhigen Wohngegend, die von Kleingartenanlagen umgeben ist. Hierhin verirrt sich nur selten jemand, der nicht hier wohnt oder jemanden besucht. Mein Büro selbst versprüht einen gewissen altmodischen Charme – dunkle Holzmöbel, weiße Häkelgardinen, Pflanzen auf der Fensterbank und ein Sofa, auf dem die Kunden Platz nehmen. Natürlich ist diese Einrichtung kein Zufall: Gerade dadurch, dass der Raum so gemütlich wirkt, fassen meine Klienten schneller Vertrauen. Schließlich müssen sie sich so sicher und wohl fühlen, dass sie bereit sind, mir schmerzhafte oder auch intime Details zu erzählen. Den Rest des Hauses bewohnen meine Frau, unsere Tochter und unsere Katze. Leben und Arbeiten ist bei mir nicht voneinander getrennt – Detektiv ist man ganz oder gar nicht.

Der skeptische Klient ließ sich im Gespräch schnell davon überzeugen, es mit einem richtigen Detektiv zu tun zu haben. Spätestens nachdem ich ihm den Raum gezeigt hatte, in dem sich meine technische Ausrüstung befindet: verschiedene hochmoderne Foto- und Videokameras, winzige Überwachungskameras, Equipment zum Aufspüren von Abhörvorrichtungen. Außerdem GPS-Ortungssysteme, Chemikalien für Diebesfallen, DNA-Spray zur Täteridentifizierung, UV-Pulver und -Gel zum Markieren von Geldscheinen, mehrere Laptops und vieles mehr. Neben dem Techniklager befindet sich zusätzlich eine kleine Werkstatt, in der ich technische Vorrichtungen anpassen und tarnen kann.

Diese Begebenheit liegt inzwischen einige Jahre zurück, aber wenn ich daran zurückdenke, muss ich jedes Mal schmunzeln. Viele Menschen haben sehr klischeehafte Vorstellungen davon, wie ein Detektiv aussieht und arbeitet. Dabei ist das Wichtigste in dem Job, dass man Talent und Leidenschaft mitbringt. Detektiv zu sein ist für mich kein Beruf, sondern eine Berufung. Schon als kleiner Junge war ich davon überzeugt, dass ich später Detektiv werden würde. Wie die meisten Kinder habe ich Kriminalgeschichten verschlungen – in meinem Zimmer, im Freibad, im Zug, überall. Später kamen die Detektivfilme hinzu (nicht zu verwechseln mit den heutigen sogenannten Detektivserien im Vorabendprogramm, die mit der Realität aus meiner Sicht rein gar nichts zu tun haben). Auch im DDR-Fernsehen konnte man die Klassiker sehen: Sherlock Holmes, Poirot und Philip Marlowe, später Columbo und Magnum – das waren meine Helden. Ritter ohne Furcht und Tadel, die sich für Wahrheit und Gerechtigkeit einsetzten. Das hat mir imponiert. Doch leider wurde es mit meiner eigenen Laufbahn als Detektiv erst mal nichts. In der DDR konnte man sich in dieser Richtung nicht selbstständig machen. Den Beruf gab es einfach nicht. Aber dann kamen der Mauerfall und die Wende. Und das war meine Rettung. Plötzlich gab es keine beruflichen Schranken mehr, und Eigeninitiative war gefragt. Für mich war sofort klar: Jetzt werde ich Detektiv! Meine Frau war kein bisschen überrascht, als ich sie in meine Pläne einweihte. Ohne zu zögern, sagte sie: »Mach das!« Und das tat ich auch.

Inzwischen arbeite ich seit mehr als zwanzig Jahren als Detektiv und habe in über siebentausend Fällen ermittelt. Ungefähr achtzig Prozent der Aufträge kommen heute aus der Wirtschaft. Die übrigen Auftraggeber sind Privatpersonen. Das sind oft die emotionaleren Fälle – die, die mir den Schlaf rauben, die mir an die Nieren gehen oder die so skurril sind, dass sie mir noch lange im Gedächtnis bleiben.

Von einigen dieser Fälle und von den Menschen, denen ich im Zuge der Ermittlungen begegnet bin, werde ich in diesem Buch erzählen. Und ich werde Ihnen einen Einblick in die Arbeitsweise eines Detektivs geben. Sie kennen vielleicht Bücher von Kriminalkommissaren oder Profilern. Ein Detektiv geht im Allgemeinen jedoch anders vor. Er hat, im Unterschied zu einem Polizeibeamten, keine besonderen Befugnisse: Wie jeder normale Bürger verfügt er nur über Jedermannsrechte. Außerdem agiert ein Detektiv im Gegensatz zu polizeilichen Ermittlern in der Regel im Verborgenen.

Eine Journalistin hat mich einmal gefragt, was einen guten Detektiv ausmacht. Keine einfache Frage. Ein guter Detektiv muss eigentlich ein Allround-Talent sein – Beobachter, Techniker, Ermittler, Eheberater, Psychologe und Profiler in einer Person. Aber vor allem benötigt ein Detektiv vier Dinge: Erstens Jagdfieber. Ein guter Detektiv ist wie ein Raubtier auf Beutezug. Wie ein Krokodil, das unter der Wasseroberfläche liegt, beobachtet er, scheinbar unbeteiligt, aus sicherer Entfernung und wartet auf das eine Detail, den unschlagbaren Beweis, der ihm nicht entgehen darf. Zweitens Unauffälligkeit. Ein guter Detektiv passt sich so optimal wie möglich dem Umfeld an, in dem er ermittelt. Seine Fragen stellt er so, dass der Befragte ihm bereitwillig Auskunft gibt, ohne Verdacht zu schöpfen. Er beschattet, ohne dabei aufzufliegen. Drittens Distanz. Ein guter Detektiv hält den richtigen Abstand zu der sogenannten Zielperson, die er beschattet – aber auch zu seinen Auftraggebern und ihren Geschichten. Als Detektiv fungiert man immer wieder als Eheberater und Seelenklempner. Da kann es schnell passieren, dass man sich von einer tragischen Geschichte völlig vereinnahmen lässt. Heute weiß ich, wie wichtig es ist, das, was meine Klienten mir erzählen, ein Stück weit zu hinterfragen. Und damit sind wir auch schon bei der vierten Eigenschaft: Als Detektiv benötigt man eine gesunde Portion Misstrauen. Denn egal, ob man mit Auftraggebern, Zeugen oder Verdächtigen spricht, niemand verrät einem die ganze Wahrheit. Die Wahrheit muss man sich immer erst erarbeiten.

Eigentlich gibt es sogar noch eine fünfte Eigenschaft, die ein guter Detektiv braucht. Eine, die so selbstverständlich ist, dass ich manchmal vergesse, sie zu nennen:

Diskretion. Meine Klienten verlassen sich darauf, dass sie mit ihrem, unter Umständen sehr privaten, Anliegen bei mir in guten Händen sind. Da ich das Vertrauen meiner Auftraggeber mit diesem Buch auf keinen Fall enttäuschen, geschweige denn meine Klienten und ihre Geschichten bloßstellen will, habe ich einige Details in den geschilderten Fällen verändern müssen, insbesondere Namen, Berufe und Orte. Natürlich orientieren sich die Fälle, die ich in diesem Buch schildere, an wahren Ermittlungen, sie wurden jedoch abgewandelt und durch fiktive Anteile unkenntlich gemacht. Ich hoffe, Sie haben Verständnis für diese notwendigen Veränderungen. Wer weiß, vielleicht kommen Sie selbst irgendwann einmal in eine Situation, in der Sie einen Detektiv benötigen – und dann werden Sie erwarten, dass der Mensch, dem Sie gerade Ihr größtes Geheimnis anvertraut haben, absolut verschwiegen ist.

JAGD NACH DNA

Jeder Fall hat einen Anfang. Es geht damit los, dass das Telefon klingelt und mich jemand mit der Lösung seines Problems beauftragen will. Während des Gesprächs mache ich mir ein erstes Bild von der Person, die mich engagieren will: Ist sie jung oder alt? Nervös? Wütend? Völlig verzweifelt? Hat sie vor etwas Angst? Und ist die Geschichte überhaupt glaubwürdig? Die Stimme ist mein erstes Indiz. Ein akustischer Fingerabdruck des Auftraggebers. Anhand der Stimme beginne ich, ein Gespür für den Fall zu entwickeln. Und meistens liegt mein Gespür richtig.

Ich arbeitete erst wenige Jahre als Detektiv, als mich eines Abends eine Frau mit einem dringenden Anliegen anrief.

»Guten Tag, Herr Wolff, mein Name ist Anke Steffen. Ich weiß, Sie kennen mich nicht, aber ... ich habe Ihre Nummer aus den gelben Seiten. Es ist ... Ich brauche Ihre Hilfe. So schnell wie möglich.«

Die Frau klang jung, höchstens Mitte zwanzig. Und sie

klang verzweifelt. Normalerweise sind die Leute am Telefon reserviert. Sie wissen ja nicht genau, mit wem sie es am anderen Ende der Leitung zu tun haben, deshalb versuchen sie, erst mal so wenig wie möglich von sich preiszugeben. Dieser Anruferin merkte ich jedoch sofort an, wie sehr sie unter Druck stand. Sie klang fahrig, und ihre Stimme zitterte.

»Worum geht es, Frau Steffen?«

Sie zögerte. »Um meine Tochter. Nein, eigentlich um ihren Vater, also meinen Exfreund. Er hat ... Ich weiß nicht ...« Die Anruferin hatte große Mühe, ihre Nervosität zu verbergen.

»Ich glaube, ich weiß, worauf Sie anspielen, Frau Steffen«, versuchte ich ihr zu helfen. »Geht es um den Unterhalt für Ihre Tochter?«

»Nein. Also nicht direkt. Thorsten, mein Exfreund, ist schon vor über drei Jahren abgehauen.« Anke Steffen erzählte, wie sie Thorsten Mahnke Mitte der Achtzigerjahre kennengelernt hatte. Während sie noch in der Ausbildung steckte, hatte er es bereits zum Facharbeiter gebracht. Die beiden wurden ein Paar, zogen zusammen und anderthalb Jahre später wurde Anke Steffen schwanger. Sie wollte das Kind unbedingt bekommen, freute sich schon auf das Familienleben zu dritt. Doch Thorsten Mahnke war alles andere als begeistert. Er machte gerade seinen Meister, träumte von einem eigenen Betrieb, kurz: Er hatte Pläne. Und für ein kreischendes Baby, das einem den Schlaf rauben und obendrein eine finanzielle Belastung bedeuten würde, war darin kein Platz. Noch vor der Geburt verschwand Thorsten Mahnke klammheimlich mit Sack und Pack aus der gemeinsamen Wohnung. Anke Steffen versuchte verzweifelt, ihn ausfindig zu machen. Vergeblich. Er habe in den Westen rübergemacht, erzählten seine Eltern ihr. Mehr erfuhr sie nicht.

»Thorsten hat bislang keinen einzigen Pfennig für Jasmin bezahlt«, schloss Anke Steffen, »aber das ist nicht das Problem.«

Ich stutzte. Was war es dann?

»Meine Tochter hat Leukämie, Herr Wolff«, fuhr Anke Steffen fort. »Sie braucht unbedingt eine Knochenmarkspende. Die Ärzte haben mich schon getestet, aber ich komme als Spenderin nicht infrage.« Sie hielt inne. »Deshalb müssen Sie Thorsten unbedingt finden. Verstehen Sie? Wenn Sie ihn nicht aufspüren, dann …«

Sie sprach den Satz nicht zu Ende, aber ich ahnte, was sie sagen wollte. Wenn ich ihren Exmann nicht fand, hatte ihre Tochter keine Chance.

»Es gibt da nur ein Problem, Herr Wolff.«

»Ja?«

»Ich habe einen Test machen lassen. Vor zwei Jahren war das.«

»Und?«

Schweigen am anderen Ende der Leitung.

»Frau Steffen, was ist mit dem Test?«

Ich konnte hören, wie sie tief Luft holte.

»Der Test hat ergeben, dass Thorsten nicht Jasmins Vater ist.«

Im Laufe der Jahre bin ich immer wieder von alleinerziehenden Müttern beauftragt worden, ihren Ex ausfindig zu machen, der sich vor den Unterhaltszahlungen für das gemeinsame Kind drückt. Solche Fälle lassen sich relativ schnell lösen. Wenn der Kindsvater seine Spuren nicht gezielt verwischt hat, reichen manchmal schon ein Gang zum Einwohnermeldeamt, ein Blick ins Telefonbuch oder ein Anruf bei Eltern oder Freunden des Verschollenen. Heute bringt einen oft eine gründliche Internetrecherche ans Ziel. Wenn ich den Noch-Ehemann, Exehemann oder Exfreund aufgespürt habe, geht es im zweiten Schritt meist darum, seine Finanzen zu überprüfen. Manche Männer schleusen ihr Gehalt sogar mithilfe von Bekannten auf andere Konten oder arbeiten schwarz, nur um kein Geld an ihre Expartnerin beziehungsweise ihre Kinder abdrücken zu müssen. Andere weigern sich, die Vaterschaft anzuerkennen, und dann wollen die Mütter einen DNA-Nachweis.

Häufiger als die Mütter sind es allerdings die Väter, die sich einen Detektiv nehmen, um zu überprüfen, ob das Kind ihrer ehemaligen Partnerin tatsächlich von ihnen ist. Auch in diesen Fällen geht es meistens ums Geld. Und nicht selten ist die neue Freundin des Mannes die treibende Kraft. Als Erstes beschaffen wir dem Auftraggeber eine möglichst scharfe Großaufnahme von dem Kind. Manchmal ist die äußerliche Ähnlichkeit so offensichtlich, dass sich alle weiteren Nachforschungen von selbst erledigen. Wenn sich zwischen Vater und Kind auf dem Foto allerdings keine Ähnlichkeiten feststellen lassen, wollen die vermeintlichen Väter einen DNA-Test. Und haben es am Ende meistens schwarz auf weiß, dass sie ein Kind gezeugt haben, für das sie zumindest die finanzielle Verantwortung tragen – so sieht jedenfalls meine persönliche Bilanz aus über zwanzig Detektivjahren aus.

Natürlich gibt es auch Väter, die noch mit der Kindsmutter zusammen sind, aber dennoch an ihrer Vaterschaft zweifeln. Weil sie erfahren haben, dass ihre Partnerin in der Vergangenheit fremdgegangen ist. Oder weil sie finden, dass ihr angebliches Kind ihnen gar nicht ähnelt. In diesen Fällen geht es nicht ums Geld, sondern um Vertrauen und Gewissheit. Wenn ich auch hier eine Bilanz ziehen müsste, würde ich sagen, die Ergebnisse meiner Ermittlungen halten sich die Waage. Bei etwa der Hälfte dieser Fälle kommt heraus, dass der Auftraggeber auch der biologische Vater des Kindes ist. Bei der anderen Hälfte stammt das angeblich gemeinsame Kind aus einem Seitensprung. Darauf reagieren die Väter sehr unterschiedlich. Bei den einen siegt die Liebe zur Partnerin und zu dem Kind, das sie möglicherweise jahrelang als ihr eigenes betrachtet haben. Bei den anderen überwiegen die Wut und der Schmerz darüber, dass die Frau, die man liebt, einen belogen und betrogen hat.

Doch dieser Fall lag anders. Der Vaterschaftstest war ja bereits negativ ausgefallen. Trotzdem behauptete Anke Steffen, dass Thorsten Mahnke der Vater war. Als Detektiv begegnet man seinen Klienten mit einer gesunden Portion Misstrauen. Wenn ich an der Geschichte eines Auftraggebers Zweifel habe, wenn ich Widersprüche entdecke oder glaube, dass es eigentlich keinen Grund gibt, gegen die Zielperson ermitteln zu lassen, versuche ich, dem Klienten auf den Zahn zu fühlen – ohne dass er es bemerkt. Einmal wollte ein Arbeitgeber einen seiner Mitarbeiter unter einem fadenscheinigen Vorwand überwachen lassen. Ich bohrte unauffällig nach und kam zu dem Schluss, dass der Mitarbeiter sich nichts zuschulden kommen hatte lassen. Sein Chef konnte ihn offenbar einfach nicht leiden und hoffte, meine Ermittlungen würden irgendetwas zutage fördern, das ihm einen Kündigungsvorwand lieferte. Solche Leute weise ich dann diplomatisch ab. Ich nehme einen Auftrag nur an, wenn ein berechtigtes Interesse an einer Ermittlung erkennbar ist.

Anke Steffen glaubte ich allerdings von Anfang an. Unter anderen Umständen hätten angesichts des negativen Testergebnisses bei mir die Alarmglocken geläutet. Ich hätte vielleicht vermutet, dass die Frau sich in etwas verrannt hatte, dass sie krankhaft auf ihren Ex fixiert war. Doch Anke Steffens Tochter hatte Leukämie. Das Leben des Mädchens stand auf dem Spiel. Was hätte Anke Steffen davon gehabt, mir eine Lügengeschichte aufzutischen? Und dann war da noch ihre Stimme. Anke Steffen hatte ehrlich geklungen. Ehrlich verzweifelt.

Am nächsten Vormittag fuhr ich zu ihr. Sie wollte mich lieber zu Hause treffen, wo ihre Tochter während unseres Gesprächs in ihrem Zimmer spielen konnte. Anke Steffen war tatsächlich erst Mitte zwanzig, ich hatte mich nicht getäuscht. Ihr dunkelblondes Haar war zu einer modischen Kurzhaarfrisur geschnitten. In ihrer Jeans und dem Kapuzenpullover wirkte sie sportlich. Sie wohnte mit ihrer Tochter in einer kleinen, gemütlich eingerichteten Dreizimmerwohnung. An den Wänden im Flur hingen bunte Strichmännchen, am Schuhschrank lehnte ein Kinderregenschirm.

»Kommen Sie bitte mit ins Wohnzimmer«, bat mich Anke Steffen. »Jasmin ist in ihrem Zimmer. Ich hoffe, es ist in Ordnung, wenn ich Sie nicht vorstelle. Ich möchte, dass sie von diesem ganzen Wahnsinn so wenig wie möglich mitbekommt.«

»Aber klar, das verstehe ich.«

Wir gingen an der angelehnten Tür des Kinderzimmers vorbei und setzten uns ins Wohnzimmer. Auch dieser Raum wirkte warm und gemütlich. Vor dem Sofa lag ein heller Flokati, der fast den kompletten Fußboden bedeckte. Daneben stand eine große Plastikkiste mit Bauklötzen und anderem Spielzeug. Anke Steffen allerdings wirkte sehr angespannt. Sie versuchte, es mich nicht merken zu lassen, doch die Angst um ihre Tochter stand ihr ins Gesicht geschrieben – die Ringe unter ihren Augen und die Sorge in ihrem Blick konnte sie nicht einfach weglächeln.

Zunächst wollte ich Genaueres über den ersten Vaterschaftstest wissen. Anke Steffen berichtete, wie sie kurz nach der Geburt ihrer Tochter versucht hatte, ihr Recht auf Unterhaltszahlungen geltend zu machen. Sie hatte sich einen Anwalt genommen, und der hatte einen Vaterschaftstest erwirkt. Doch das Ergebnis fiel negativ aus: Der Abgleich der Proben schloss Thorsten Mahnkes Vaterschaft aus. Anke Steffen konnte es nicht fassen, schließlich wusste sie genau, dass niemand anders der Vater ihres Kindes sein konnte. Sie vermutete, dass die Proben versehentlich vertauscht worden waren. Doch das Gericht sah keinen Grund für eine Wiederholung des Tests. Auch sonst glaubte ihr fast niemand. Mahnkes Eltern brachen sofort den Kontakt ab – in ihren Augen hatte sie ihren Sohn nicht nur mit einem anderen Mann betrogen, sondern auch noch versucht, ihm ein Kuckuckskind unterzuschieben.

Nur ihre Eltern hielten zu ihr. Und waren bereit, sie finanziell zu unterstützen. Anke Steffen rappelte sich auf, fing an, wieder zu arbeiten, und kam nach einiger Zeit finanziell gut zurecht. Dann der große Schock, die Blutkrebs-Diagnose. Anke Steffen war aufgefallen, dass ihre Tochter oft blass war. Auf dem Spielplatz machte sie schnell schlapp, sie war oft müde. Der Arzt diagnostizierte Leukämie und eröffnete Anke Steffen, dass Jasmin innerhalb der nächsten Monate dringend eine Knochenmarkspende benötigte. Als Anke Steffen erfuhr, dass sie als Spenderin nicht infrage kam, stand für sie fest, dass sie ihren Exfreund aufspüren musste, der vielleicht ein geeigneter Spender war. Doch zunächst brauchte sie DNA-Material für ein neues Gutachten, das seine Vaterschaft einwandfrei bestätigte. Deshalb hatte sie sich an mich gewandt. Ich erklärte ihr, dass ein privat in Auftrag gegebener Vaterschaftstest vor Gericht möglicherweise nicht als Beweismittel anerkannt würde. Doch das störte sie nicht. Sie war davon überzeugt, dass ein positiver Test ihren Exfreund dazu bringen würde, seine Tauglichkeit als Knochmarkspender prüfen zu lassen – auch ohne Gerichtsurteil.

Ich sagte Anke Steffen, dass ich den Auftrag annehmen würde, und stellte ihr noch einige Fragen zu ihrem Exfreund. Viele Anhaltspunkte konnte sie mir allerdings nicht liefern. Nachdem Mahnke abgehauen war, hatte er eine Zeit lang in Hannover gelebt. Dort war der erste Vaterschaftstest durchgeführt worden. Wohin er anschließend gegangen war, wusste sie nicht. Zu Mahnkes Freunden hatte sie keinen Kontakt. Sie besaß nicht mal deren Telefonnummern. Mahnke hatte seine Kumpels meistens ohne Anke Steffen getroffen, in der Kneipe oder beim Sport. Immerhin konnte sie mir die Adresse und Telefonnummer von Mahnkes Eltern geben. Außerdem notierte ich, dass er in seiner Freizeit gern Tennis gespielt hatte, oft mehrmals die Woche. Und dass er trotz seiner Sportleidenschaft ein starker Raucher war.

Während ich meine Jacke anzog, verschwand Anke Steffen im Schlafzimmer, um ein Foto von Mahnke zu holen. Ich nutzte den Moment, um unbemerkt einen Blick ins Kinderzimmer zu werfen. Jasmin saß auf dem Boden, mit dem Rücken zur Tür. Eine rosa Mütze bedeckte ihren Kopf, und ich fragte mich, ob sie darunter noch Haare hatte. Nach dem gesundheitlichen Zustand ihrer Tochter hatte ich Anke Steffen nicht gefragt. Das ging mich schließlich nichts an. Außerdem hatte ich Angst, dass die Verzweiflung und die Sorgen, die Anke Steffen zu verbergen versuchte, aus ihr herausbrechen würden, wenn man sie auf die Krankheit ihrer Tochter ansprach. Das Mädchen hielt ein buntes Plastikpony in den Händen und wirkte hoch konzentriert. Ich hatte mich während des Gesprächs gewundert, dass sie zwischendurch nicht reingekommen war. Doch Anke Steffen hatte gemeint, das sei ganz normal. Wenn Jasmin mit ihren Ponys oder Puppen spiele, dann vergesse sie alles um sich herum. Ich musste unwillkürlich an meine eigenen Töchter denken und spürte einen Kloß im Hals. Die große war damals vierzehn, die kleine erst fünf – nur wenig älter als Jasmin. Was ich wohl getan hätte, wenn eine der beiden plötzlich an Krebs erkrankt wäre? Leise ging ich ein paar Schritte zurück und zog die Zimmertür wieder heran.

Kurz darauf kam Anke Steffen mit dem Foto zurück. Der Mann, der in die Kamera lächelte, war dunkelblond,

Mitte zwanzig, mit Schnurrbart und graublauen Augen. Kein unsympathischer Typ, aber nach allem, was ich über ihn wusste, machte mich das Bild einfach nur wütend. Darüber, dass Thorsten Mahnke seine Familie im Stich gelassen hatte. Dass er sich geweigert hatte, Unterhalt für seine kleine Tochter zu zahlen. Und dass damals irgendjemand bei dem Vaterschaftstest geschlampt hatte. Ich steckte das Foto ein, verabschiedete mich von Anke Steffen und verließ die Wohnung.

Das erste Etappenziel lautete: Thorsten Mahnkes Aufenthaltsort aufspüren. Am Abend saß ich in meinem Büro und wählte die Nummer seiner Eltern. Nach dem siebten Klingeln hatte immer noch niemand abgenommen. Waren die Mahnkes nicht zu Hause? Oder saßen sie auf dem Sofa und hatten den Fernseher so laut aufgedreht, dass sie nichts hörten? Ich wollte schon auflegen, da meldete sich ein älterer Herr.

»Ja bitte?«

»Schönen Guten Abend! Spreche ich mit Herrn Mahnke?«

»Ja. Wer ist denn da, bitte?«

»Ach, hallo, Herr Mahnke, hier ist Thomas Werner. Sie erinnern sich vielleicht nicht, aber ich habe früher mit Ihrem Sohn Thorsten Tennis gespielt.« Um an Informationen zu kommen, brauchte ich einen Vorwand, bei dem das Ehepaar Mahnke keinen Verdacht schöpfen würde. So, wie die beiden auf das negative Testergebnis reagiert hatten, würden sie die Adresse ihres Sohnes auf keinen Fall freiwillig herausrücken. Am besten schlüpft man in eine Rolle, mit der man sich auskennt. Das verringert das Risiko aufzufliegen. Anke Steffen hatte mir die Namen von Mahnkes ehemaligen Vereinskollegen genannt, und ich hatte als Jugendlicher selbst jahrelang gespielt, da konnte eigentlich nichts schiefgehen.

»Thomas, Thomas …« Mahnke überlegte. »Ja, na klar! Du hattest doch immer diesen beinharten Aufschlag, dit weiß ick noch janz jenau. Ein Ass nach dem anderen. Aber am Netz, da warst du nicht so stark, da hast du einiges versemmelt.«

Thomas Werners und meine Tennisstärken unterschieden sich offenbar grundlegend. An den Aufschlägen hat es bei mir immer gehapert, aber dafür bin ich für meine Ausdauer und meinen Kampfgeist berüchtigt gewesen.

»Genauso war's, Herr Mahnke«, antwortete ich. »Dass Sie sich daran noch so gut erinnern!«

»Na ja, ick hab' ja oft zujeschaut. Spielst du denn immer noch?«

»Och, na ja. Ab und zu mal, mit Kurt, der hat damals mit Thorsten und mir in der Mannschaft gespielt. Kennen Sie den auch noch?«

»Kurt … Ja, ick glaube. War dit nicht der mit den janz dunklen Haaren?«

»Ja, ja, genau«, stimmte ich zu. »Jedenfalls, neulich haben wir uns mal wieder auf ein Bier getroffen. Und da sind wir auf Thorsten gekommen. Was der heute wohl macht, haben wir uns gefragt. Und Jochen, zu dem haben wir ja auch keinen Kontakt mehr. Da haben wir uns gedacht, das wär doch schön, wenn wir uns alle vier mal wieder treffen. Ein Doppel spielen und danach über die alten Zeiten quatschen. Und deshalb rufe ich an. Kurt und ich, wir haben leider weder Thorstens Adresse noch die Telefonnummer.«

»Ach, wie nett, dass Sie dit machen wollen. Da wird sich mein Sohn aber freuen. Warten Sie mal, ick hol schnell dit Adressbuch, einen Moment.«

Mahnke hatte mir meine Geschichte offenbar, ohne mit der Wimper zu zucken, abgekauft. Nach einer kurzen Pause, in der ich es leise rascheln hörte, kehrte er zurück.

»So, also hier hab' ick die Adresse und auch die Telefonnummer. Der ist ja jetzt in Hamburg, der Thorsten, das wissen Sie ja bestimmt. Hat sich selbstständig jemacht, als Malermeister. Wohnt da mit seiner Freundin zusammen, tolles Mädel. Und tüchtig! Gelernte Krankenschwester ist die ...«

Nachdem der alte Mahnke die Lobrede auf seine Schwiegertochter in spe beendet hatte, gab er mir die Anschrift und private Telefonnummer seines Sohns. So begeistert, wie der Alte von dem geplanten Tennis-Revival war, befürchtete ich allerdings, er würde gleich nach unserem Gespräch seinen Sohn anrufen. Das durfte ich auf keinen Fall zulassen. Denn dann würde sich Thorsten Mahnke möglicherweise bei seinem alten Kumpel Thomas melden und erfahren, dass dieser gar nicht bei seinen Eltern angerufen hatte. Also erzählte ich dem Alten, ich wolle seinen Sohn unbedingt überraschen. Das verstand er sofort und versprach, seinem Sohn nichts zu verraten. Ich bedankte mich überschwänglich und legte auf.

Zwei Tage später ging die Jagd nach Mahnkes DNA los. Um mehr Spielraum zu haben, hatte ich beschlossen, einen Kollegen dazuzuholen. Jasmin lief die Zeit davon, und ich hoffte, dass wir zu zweit schneller ans Ziel kommen würden.

Die meisten Leute denken ja, Detektive sind Einzelkämpfer. Vermutlich liegt es daran, dass fast alle berühmten Detektivfiguren Eigenbrötler sind, die sich ungern in die Karten gucken lassen, Philip Marlowe, Sam Spade und Hercule Poirot genauso wie Kurt Wallander oder Inspektor Columbo. Selbst Sherlock Holmes und Watson sind kein echtes Team. Holmes beobachtet, ermittelt und schlussfolgert die meiste Zeit auf eigene Faust und lässt seinen Assistenten bis zum Schluss im Nebel stochern.

Als ich nach der Wende anfing, als Detektiv zu arbeiten, hatte ich ähnliche Vorstellungen – wenn auch aus anderen Gründen. In der DDR hatte es den Beruf des Detektivs nicht gegeben. Ermitteln durfte nur der Staat. Mir fehlten daher das geschäftliche Know-how und die Aufträge. Allein auf mich gestellt, hätte ich nicht von dem Job leben können. Also machte ich mich, sobald die Grenzen offen waren, auf in die Höhle des Löwen – die Büros meiner Westberliner Konkurrenten. Ich war darauf gefasst, dass man mich nicht gerade mit offenen Armen empfangen würde. In meiner Vorstellung waren die Wessis knallharte Kapitalisten, von denen man buchstäblich nichts geschenkt bekam. Die ersten Detekteien, die ich aufsuchte, waren entweder nicht mehr existent oder in einem schmuddeligen Hinterhof ansässig, aber schließlich landete ich bei der Detektei Graustein. Das Büro war altmodisch eingerichtet, dunkles Holz, schwere

Sessel, man fühlte sich dort sofort gut aufgehoben. Der Chef, ein sympathischer, wortgewandter älterer Herr, empfing mich wider Erwarten unheimlich freundlich. Er erzählte mir ganz offen, wie die Branche funktionierte, wie man Kunden gewann und wie die geschäftliche Seite aussah. Am Ende des Gesprächs drückte er mir sogar seine Auftragsformulare als Muster für meine eigenen Geschäftsunterlagen in die Hand. Ich war baff. Mit so viel Unterstützung hatte ich nicht gerechnet. Im Lauf der Jahre habe ich immer wieder mit der Detektei Graustein zusammengearbeitet. Darüber hinaus hat sich mit der Zeit ein Netzwerk an Kollegen gebildet, die mich bei umfangreicheren Recherchen anfordern oder die ich zu meinen Aufträgen dazuhole. Teamarbeit ist in unserer Branche das A und O. Weil man eine Zielperson nicht rund um die Uhr allein beschatten kann. Weil vier oder sechs Augen mehr sehen als zwei. Und weil es keine absolut perfekten Allrounder gibt. Jeder hat seine Stärken: Der eine kann gut beobachten, der andere gut ermitteln; der eine hat ein gutes Gespür für Menschen und bringt sie dazu, ihm ihre komplette Lebensgeschichte zu erzählen, der andere wiederum ist ein brillanter Analytiker. Dass ich bei diesem Fall mit einem Kollegen zusammenarbeiten würde, bedeutete allerdings auch, dass uns nur wenige Tage blieben, um den Auftrag abzuschließen – länger konnte Anke Steffen keine zwei Ermittler bezahlen.

Zusammen mit Bernd, einem jüngeren Kollegen, der ebenfalls aus Ostberlin kommt, brach ich frühmorgens auf. Wir wollten keine Zeit verlieren. Ich hatte Bernd ausgewählt, weil wir schon oft zusammengearbeitet hatten, und ich wusste, dass er nicht nur ein ausgezeichneter Beobachter ist, sondern auch extrem belastbar – während andere Kollegen nach acht bis zehn Stunden Arbeit völlig platt sind, kann Bernd bis spät in die Nacht durcharbeiten und am nächsten Morgen trotzdem um 6.00 Uhr auf der Matte stehen. Während der Fahrt überlegten wir, wie wir Mahnke möglichst schnell und unauffällig eine DNA-Probe abluchsen konnten. Damals waren sogenannte heimliche Vaterschaftstests noch legal – wenn auch in juristischer Hinsicht umstritten. Inzwischen sind Abstammungsgutachten, die ohne vorliegendes Einverständnis der beteiligten Personen durchgeführt werden, verboten. Vor ein paar Jahren hat das Bundesverfassungsgericht entschieden, dass heimliche Vaterschaftstests in Zukunft vor Gericht weder als Beweis für oder gegen eine Vaterschaft noch als Grund für ein Verfahren zur Feststellung der Vaterschaft anerkannt werden. Die Begründung: Ein solcher Test verletze das Recht auf informationelle Selbstbestimmung, wenn einem der Beteiligten ohne dessen Wissen DNA-Material entnommen wurde. Und dieses Recht habe wiederum Vorrang vor dem Recht auf Information des angeblichen Vaters oder des Kindes. DNA-Tests zur Vaterschaftsklärung sind nur noch auf richterliche Anordnung möglich – oder wenn alle Beteiligten der Probenentnahme und dem Test vorher zustimmen. Hätte Anke Steffen mich also einige Jahre später angerufen, hätte ich den Auftrag ablehnen müssen.

Zur DNA-Untersuchung eignen sich im Prinzip alle kernhaltigen Körperzellen. In der detektivischen Praxis bedeutet das in erster Linie: Blut, Speichel, Sperma, Nasensekret oder Haare mit Wurzeln. Haare finden sich an der Kleidung, vor allem auf Jacken und Pullovern, in

Haarbürsten, im Badezimmer. Im Falle von Flüssigkeiten sichert man Gegenstände, an denen diese sich abgelagert haben. Das können Taschentücher sein, Gläser oder Tassen, Kondome, Pflaster, Schnuller, Kaugummis etc. Eine richtige Fundgrube ist McDonald's. Die Leute schieben ihr leergegessenes Tablett in den Geschirrwagen, auf dem sich Becher, Strohhalme oder Plastikbesteck voller Speichelspuren befinden. Natürlich muss man sicher sein, dass die Spuren auf dem Träger eindeutig und ausschließlich der Zielperson zuzuordnen sind. Einmal habe ich sogar benutzte Windeln einsammeln müssen, weil ich keine andere Möglichkeit sah, an DNA-Material zu kommen. Das Problem ist nur: Kot zersetzt sich ziemlich schnell, und dabei wird auch die Erbinformation zerstört. Davon abgesehen, dass es ziemlich unangenehm ist, benutzte Windeln mit sich herumzuschleppen. Jedenfalls war unsere Mühe am Ende umsonst gewesen. Das Labor konnte mit den Windeln nichts mehr anfangen.

Bernd und ich hatten nur eine Chance, nämlich wenn wir bei Mahnkes Laster, dem Rauchen, ansetzen würden. Wir kannten weder sein Umfeld noch seinen Tagesablauf, aber wir wussten, dass er Raucher war. Wir mussten also nur an einen Zigarettenstummel gelangen, und schon war der Auftrag erfolgreich erledigt.

Von der Autobahn aus fuhren wir direkt zu Mahnkes Geschäft im Ostteil der Stadt. Die Adresse hatten wir uns bei der Auskunft besorgt. Wir parkten ein Stück weiter auf der gegenüberliegenden Straßenseite. Von hier aus hatten wir Mahnkes Laden im Blick, ohne dass ihm unser Wagen auffallen würde. Das Geschäft befand sich im Erdgeschoss eines weißen Neubaus, die Stockwerke darüber schienen Mietwohnungen zu sein. In den Häusern nebenan befanden sich ebenfalls Geschäfte sowie ein paar Handwerksfirmen. Auf dem Bürgersteig waren Frauen unterwegs, die ihre Einkäufe nach Hause trugen, alte Leute, die ihre Hunde spazieren führten, und ab und zu fuhr jemand seinen Wagen weg oder parkte ein. Doch niemand betrat Mahnkes Laden, und niemand kam heraus. Nach zwei Stunden hatte sich noch immer nichts getan. Dafür hatte Bernd jetzt riesigen Hunger. Bernd ist jemand, der zu Beobachtungen immer riesige Verpflegungspakete mitbringt. Leider hatte er schon während der Fahrt alle Käsebrötchen aufgegessen. Bevor er schlechte Laune bekam – das kannte ich schon –, ließ ich mich lieber breitschlagen, eine kleine Runde zu drehen und uns etwas zu essen zu besorgen. Ich schlenderte um den Block und entdeckte schließlich eine Imbiss-Bude. Leider war die Auswahl begrenzt, um nicht zu sagen ziemlich norddeutsch. Es gab Fischbrötchen mit Matjes, Fischbrötchen mit Fischfrikadelle, Fischbrötchen mit oder ohne Remoulade, mit oder ohne Zwiebeln ... Ich entschied mich für zwei Matjesbrötchen mit Remoulade und ging zurück zum Auto. Bernd sah mich skeptisch an, als ich ihm das Brötchen hinhielt, verkniff sich aber einen Kommentar. Besser als hungern, dachte er wahrscheinlich, aber insgeheim hätte auch ich lieber in eine dicke Berliner Currywurst gebissen.

Gegen halb zwei näherte sich ein junger Mann dem Malergeschäft. Dunkelblond, mittelgroß, um die dreißig. Auch wenn ich ihn nur schräg von hinten sehen konnte, war ich mir sicher, dass es Mahnke war. Der Mann nahm einen Schlüssel aus der Jackentasche, schloss die Tür auf und verschwand im Geschäft.

»Hmm. Könnte aber auch ein Angestellter sein«, meinte Bernd.

»Glaube ich nicht. Aber du kannst dir ja für alle Fälle noch mal das Foto anschauen, bevor du reingehst.« Ich kramte in meinem Rucksack nach dem Bild, das mir Anke Steffen mitgegeben hatte. Bernd sah es prüfend an, dann zupfte er seinen Pullover zurecht und stieg aus.

Ich wartete im Auto. Wir hatten beschlossen, dass Bernd sich als Kunde ausgeben sollte, der sein Haus neu tapezieren lassen wollte. Im Lauf des Gesprächs sollte er Mahnke eine Zigarette anbieten und anschließend den leeren Stummel unauffällig einsammeln. Nach zehn Minuten war von Bernd immer noch nichts zu sehen. Dafür betrat eine junge Frau das Geschäft: langes blondes Haar, Jeans, Turnschuhe. Ich schätzte sie auf Ende zwanzig. Wenig später kam Bernd aus der Tür. Er drehte eine kleine Runde und stieg dann unauffällig wieder in den Wagen.

»Also, das war jetzt für die Katz«, schimpfte er, während er sich in den Sitz fallen ließ.

»Was denn? Wollte er keine mit dir rauchen? Wegen der Kundin, die nach dir reingekommen ist?«

»Ich weiß nicht, ob das wirklich eine Kundin war. Ich glaube, die kannten sich. Jedenfalls, ich hatte ihn schon am Haken – großes Haus, überall neue Tapeten, vielleicht sollen auch die Türen neu lackiert werden, da ist er gleich hellhörig geworden. Hat mir erklärt, was für Materialien infrage kommen, wie lange so was dauert und so weiter. Dann kam die Frau rein, und er hat mich plötzlich schnell gefragt, wo er mir den Kostenvoranschlag hinschicken kann, aber ich hab gesagt, ich arbeite hier in der Nähe und komme morgen wieder vorbei. Dann wollte ich ihm eine Zigarette anbieten, aber er hat gesagt, er raucht nicht.«

»Nicht? Vielleicht hat er inzwischen aufgehört.«

»Ich weiß nicht. Jedenfalls habe ich im Laden weder eine Zigarettenschachtel noch einen Aschenbecher gesehen.«

Das war's also mit einem schnellen Abschluss des Falls. Wir mussten uns etwas Neues einfallen lassen. Außerdem kannte Mahnke jetzt Bernds Gesicht und Stimme. Bernd konnte also nur noch in der Rolle des Hausbesitzers auftreten und würde ansonsten Abstand halten müssen. Das hieß, dass ich komplizierte Beschattungen ab jetzt allein durchziehen musste. Und dass ich höllisch aufpassen musste, nicht von Mahnke bemerkt zu werden, sonst kannte er uns beide.

Der Rest des Tages verlief ereignislos. Mahnke fuhr gegen fünf Uhr in seine Wohnung, die er den Rest des Abends nicht mehr verließ. Ein Blick aufs Klingelschild verriet mir, dass Mahnke nicht allein lebte.

Abends rief ich Anke Steffen vom Hotel aus an. Wir hatten ihr versprochen, sie täglich über den Stand der Ermittlungen zu informieren. Sie war ganz aufgeregt, dass wir Mahnke gefunden hatten, und wollte wissen, wie er inzwischen aussah, wo er wohnte. Ich beschrieb ihr den Laden, das Wohnhaus, Mahnkes Äußeres und sagte ihr, dass er mit seinem Handwerksbetrieb gut im Geschäft zu sein schien. Als ich ihr mitteilte, dass wir noch keine DNA-Probe sicherstellen konnten, verstummte sie plötzlich. Ich merkte, dass sie enttäuscht war. Ich erklärte ihr, dass es ganz normal war, wenn es nicht gleich am ersten Tag klappte, und dass es keinen

Grund gab, alles schwarzzusehen. Sie ließ sich jedoch nicht aufmuntern, und wir beendeten das Gespräch bald.

Am nächsten Morgen bezogen wir erneut Posten vor Mahnkes Wohnung – nachdem wir uns im Hotel zwei dicke Lunchpakete mitgeben hatten lassen. Bananen, Äpfel und belegte Brötchen – ohne Matjes, darum hatte Bernd extra gebeten. Gegen halb sieben kam Mahnke aus dem Haus, zusammen mit einer blonden Frau. Das war also seine neue Freundin, die tüchtige Krankenschwester. Die Frau, die Anke Steffens Platz eingenommen hatte. Wir waren uns ziemlich sicher, dass es dieselbe war, die wir gestern im Laden gesehen hatten. Auf dem Bürgersteig verabschiedeten sich die beiden. Sie stieg in ihr Auto, er in seines. Wir folgten Mahnke ins Geschäft und warteten. Kurz nach ihm traf ein zweiter Mann ein, groß, braunhaarig, etwa Anfang vierzig, weiße Arbeitskleidung, anscheinend ein Mitarbeiter. Gemeinsam fuhren sie zu einem Kunden im Norden der Stadt. Dort verbrachte Mahnke den kompletten restlichen Arbeitstag. Um halb sechs fuhr er nach Hause. Wir hatten den ganzen Tag über nicht die leiseste Chance gehabt, an ihn heranzukommen.

Um halb acht verließ Mahnke zu unserer Überraschung noch mal das Haus. Mit einer großen Sporttasche über der Schulter ging Mahnke zu seinem Wagen, verstaute sie im Kofferraum und fuhr los. Nach etwa zehn Minuten bog er auf den Parkplatz eines Tennisvereins. Er hatte also nicht alle früheren Leidenschaften aufgegeben. Wir parkten ein Stück weiter die Straße hinunter und blieben im Wagen sitzen. Nach und nach fuhren weitere Autos auf den Hof. Vermutlich war um acht Uhr Platzwechsel. Ich wartete eine Viertelstunde, dann zog ich mir Bernds Kapuzenpulli über und setzte mein Basecap auf – das Cap gehört zu meiner Grundausstattung. Ich habe es immer dabei, um mein Erscheinungsbild spontan verändern zu können. Und weil mein Gesicht darunter nicht so leicht zu erkennen ist.

Über einen Kiesweg gelangte ich zur Terrasse des Vereinsheims, an die zwei Sandplätze angrenzten. Auf dem hinteren der beiden spielte Mahnke, in weißen Shorts, dunkelblauem T-Shirt und ... Stirnband! Als Jugendlicher habe ich Stirnbänder gehasst, ich fand, man sah damit albern aus. Ein Kumpel von mir hat aber bei jedem Spiel eins getragen, damit ihm die Haare nicht ständig vor den Augen hingen. Ein Stirnband hält jedoch nicht nur die Haare aus dem Gesicht, es saugt auch den Schweiß auf, der sich während des Spiels auf der Stirn bildet. Die Frage war nur, wie ich darankommen konnte.

Durch eine breite Glastür betrat ich das Vereinsheim. Der Raum war ungewöhnlich groß. Und schicker als damals bei uns im Osten. Etwa fünfzehn Tische befanden sich darin, an einer Säule links vom Eingang hing eine große Pinnwand mit Vereinsneuigkeiten, Trainingsplänen und einigen Werbebroschüren. An der linken Seite erstreckte sich die Bar. Der Raum war überraschend voll, mehrere Grüppchen älterer Herren und Damen saßen bei einem Getränk zusammen, weiter hinten eine kleine Frauengruppe. Niemand beachtete mich. Der Gastwirt stand hinterm Tresen und wischte Gläser trocken. Ich nickte ihm zu, als ob wir uns kennen würden, und ging zielstrebig auf die Tür zu, die sich neben der Bar befand. Niemand beachtete mich. Hinter der Tür befand sich eine Treppe. Ich stieg hinunter und landete, wie erhofft, bei den Umkleiden.

Die Männerkabine war leer, bis auf ein paar Jacken und Sporttaschen. Mahnkes war nicht darunter. Ich schloss mich auf einer der Toiletten im angrenzenden Waschraum ein und wartete. Ich ging davon aus, dass Mahnke nach dem Spiel duschen würde. Und vorher würde er sich ausziehen und das Stirnband ablegen, das ich wiederum einstecken würde. Lange passierte nichts. Ich wurde ungeduldig. Nach etwa zwanzig Minuten holten ein paar Jungs ihre Sachen aus der Umkleide. Danach wurde es wieder still. Etwas später betraten zwei oder drei Männer den Raum. Ob einer davon Mahnke war, wusste ich nicht – ich kannte ja seine Stimme nicht. Nachdem ich Türenschlagen und das einsetzende Prasseln der Dusche hörte, verließ ich vorsichtig mein Versteck und betrat die Umkleide. Keine Spur von Mahnkes Sachen oder seiner Tasche. Ich wartete noch eine halbe Stunde, ohne dass sich etwas tat, dann gab ich mein Toilettenversteck auf und ging zurück zum Auto. Bernd berichtete, dass Mahnke schon vor einer halben Stunde in voller Sportmontur in den Wagen gestiegen und losgefahren war. Auch an diesem Abend hatte ich für Anke Steffen keine Erfolgsmeldungen. Wieder sagte sie wenig, als ich ihr am Telefon Bericht erstattete, aber ich konnte an ihrer Stimme erkennen, dass sie mit den Tränen kämpfte. Nach wenigen Minuten legte sie auf.

Den folgenden Tag verbrachte Mahnke im Büro. Das machte es einfacher für uns, an ihn heranzukommen. Unser Plan war es, eine Tasse oder ein Glas, das Mahnke benutzt hatte, einzustecken. Wenn Mahnke auch nicht mehr rauchte, etwas trinken würde er im Laufe des Tages ganz sicher.

In Jeansjacke und Basecap Nummer zwei schlenderte ich am Laden vorbei und spähte unauffällig durchs Fenster. Mahnke saß an seinem Tisch und ging eine Liste durch. Neben ihm stand eine Kaffeetasse. Irgendwann würde er zur Toilette müssen oder vielleicht etwas aus dem Hinterraum holen. Doch jedes Mal, wenn ich gemächlich am Laden vorbeispazierte, saß er an seinem Schreibtisch und telefonierte oder tippte etwas in den Computer. Er schien förmlich an seinem Bürostuhl zu kleben. Als ob er wüsste, dass vor seiner Tür jemand darauf lauerte, ihm die Kaffeetasse abzujagen. Nach einer halben Stunde gab ich auf. Mahnke hatte zwar bisher nichts mitbekommen, aber der Ladenbesitzer von nebenan fing langsam an, mich stirnrunzelnd anzusehen.

Also musste Bernd ran und ein zweites Mal in die Rolle des renovierungswilligen Hauseigentümers schlüpfen. Doch auch er hatte keinen Erfolg. Nachdem er Mahnke gebeten hatte, ein paar Tapetenmuster herauszusuchen, die er seiner Frau zeigen könne, verschwand Mahnke ins Lager. Die Kaffeetasse, die er gerade in der Hand hielt, nahm er jedoch mit. Bernd nutzte Mahnkes Abwesenheit, um sich umzusehen, konnte jedoch keine weiteren Tassen oder Gläser entdecken. Nachdem Mahnke mit ein paar Mustern zurückgekehrt war und sie Bernd in die Hand gedrückt hatte, verabschiedete er Bernd eilig, weil er angeblich noch einen Termin hatte. Kurz darauf schloss er sein Geschäft ab und fuhr zu einem Kunden, wo er den Rest des Tages verbrachte.

Uns lief die Zeit davon. Das Wissen, dass das Leben des Mädchens davon abhing, ob wir an Mahnkes DNA kamen, machte Bernd und mir immer mehr zu schaffen. Wir redeten zwar nicht darüber, aber wir alberten viel weniger herum als normalerweise, wenn man stundenlang zusammen im Auto hockt. Wir wussten beide, dass Anke Steffen uns noch zwei oder drei Tage bezahlen konnte, dann war ihr Geld aufgebraucht. Wenn wir bis dahin kein DNA-Material von Mahnke beschafft hatten, mussten wir den Auftrag erfolglos abbrechen.

Als wir abends vor Mahnkes Wohnung im Auto saßen, beschlossen wir, dass Bernd am nächsten Tag noch mal ins Geschäft gehen und die Tapetenmuster zurückbringen würde. Ich würde hinzustoßen, und zu zweit, hofften wir, würde es uns gelingen, Mahnke abzulenken. Doch dann kam alles anders. Gegen halb acht kam Mahnke aus dem Haus und machte sich zu Fuß auf den Weg. Ich stieg aus dem Wagen und folgte ihm.

Die große Kunst beim Beschatten besteht in der richtigen Distanz. Bin ich zu weit weg, verliere ich die Zielperson. Bin ich zu dicht dran, besteht die Gefahr, dass ich verbrenne. So nennen wir es, wenn der Detektiv ins Blickfeld der Zielperson gerät, ihr so nahe kommt, dass sie ihn wahrnimmt. Der Detektiv muss immer als unsichtbarer Schatten im Hintergrund bleiben. Hat die Zielperson mich erst mal registriert, wird die Verfolgung fast unmöglich. Eine meiner größten Herausforderungen sind Frauen in Kaufhäusern. Versuchen Sie mal als Mann, einer Frau unauffällig durch die Abteilung für Damenmode oder, noch schlimmer, Unterwäsche zu folgen. Weil Sie in dieser Umgebung sofort auffallen, müssen Sie die Frau aus großer Entfernung beobachten. Vielleicht haben Sie Pech, und es ist zu allem Überfluss auch noch Samstag und gerammelt voll. Die Frau schlendert von Tisch zu Tisch, nimmt etwas in die Hand, legt es wieder hin. Und wird dabei ständig von anderen Kundinnen verdeckt, von einer Säule, einem Spiegel oder einer Umkleidekabine, und ehe Sie sich's versehen, ist sie auch schon im Einkaufsgetümmel verschwunden.

Genauso wichtig wie der richtige Abstand ist es, sich beim Beschatten möglichst natürlich zu verhalten. Als ich zum ersten Mal jemanden zu Fuß verfolgt habe, war ich völlig auf die Zielperson fixiert. Machte sie einen Schlenker nach links, lief ich ebenfalls ein Stück nach links. Hielt sie an, stoppte ich abrupt ab. Und wenn ich dachte, jetzt dreht sie sich um, huschte ich panisch hinter den nächsten Baum, wie in einer Slapstickkomödie. Außerdem war ich so konzentriert darauf, die Zielperson nicht aus den Augen zu verlieren, dass ich ihr mit langen Stielaugen hinterherguckte. Noch auffälliger ging's nicht. Mit der Zeit habe ich gelernt, lockerer zu sein. Denn selbst wenn die Zielperson nichts bemerkt, fällt es den Leuten um einen herum auf, wenn man plötzlich hinter einen Busch springt oder hinter einem parkenden Auto Deckung sucht. Der Trick ist, sich ganz normal zu verhalten und einen leicht trotteligen Blick aufzusetzen. So wie Columbo. Weil er oft so wirkt, als ob er keine Ahnung hätte, schenken ihm die Leute zunächst keine Beachtung, und das verschafft ihm einen entscheidenden Vorteil.

Mahnke zu verfolgen, stellte sich zum Glück als nicht weiter schwer heraus. Er drehte sich nicht um und hielt auch nicht an. Außerdem wurde es bereits dunkel, sodass er mich sowieso nur schemenhaft hätte sehen können. Nach etwa zehn Minuten erreichte er das Ziel seines Abendspaziergangs, eine schummrige Eckkneipe. Ich positionierte mich in einem Häusereingang schräg gegenüber und wartete.

Nach etwa einer Stunde ging ich rein. Die Kneipe war voll und verraucht, das Licht gedämpft, doch durch seine längliche Form war der Raum gut zu überblicken. An den Holztischen und am Tresen saßen fast nur Männer. Hinten rechts in der Ecke erspähte ich eine Vierergruppe, die an einem runden Tisch saß. Einer der vier war Mahnke. Ich schnappte mir eine Zeitung, setzte mich an den Tresen und bestellte ein Bier. Aus den Augenwinkeln beobachtete ich die Runde. Mahnkes Kumpel schienen im selben Alter wie er zu sein. Jeder von ihnen hatte ein großes Pils vor sich stehen. Ich überlegte hin und her, wie ich unbemerkt an Mahnkes Glas kommen konnte. Bis ich etwas sah, das mich völlig überraschte. Mitten im Gespräch nahm Mahnke eine kleine Pappschachtel aus der Jackentasche, holte ein Feuerzeug hervor und zündete sich eine Zigarette an. Er hatte Bernd also angelogen. Vielleicht steckte er sich inzwischen nur noch gelegentlich eine an, wenn er abends mit Freunden zusammensaß. Vielleicht verheimlichte er das Rauchen auch vor seiner Freundin – vorgestern, als Bernd Thorsten Mahnke eine Zigarette angeboten hatte, war sie dabeigewesen.

Ich behielt die Gruppe weiter im Blick. Fünf Zigarettenstummel landeten im Lauf des Abends in dem runden Aschenbecher. Allesamt von Mahnke. Keiner seiner Freunde zündete sich eine an, keiner nahm einen Zug bei ihm. An den Kippen befanden sich DNA-Spuren, die eindeutig und ausschließlich zu Mahnke gehörten. Gegen elf, als ich vor meinem dritten kleinen Bier saß, machte die Gruppe endlich Anstalten zu gehen. Zum Glück war in der Kneipe immer noch viel los, sodass die Kellnerinnen vollauf mit dem Ausschank beschäftigt waren. Sie hatten weder Augen für mich, noch hatten sie es eilig, den Tisch abzuräumen. Ich zog mir einen Latex-Handschuh über und machte mich auf den Weg zu den Toiletten. Dabei schlenderte ich an Mahnkes Tisch vorbei und kippte die Zigaretten so unauffällig wie möglich in eine kleine Papiertüte.

Jeder Fall hat einen Anfang. Aber leider hat nicht jeder auch ein Ende. Es gibt Fälle, die man nicht löst. Weil sie kompliziert sind. Oder weil das Budget des Auftraggebers irgendwann erschöpft ist. Wenn man sich an einem Fall wochenlang die Zähne ausbeißt, und dann kommt der Moment, in dem der Kunde kein Geld mehr ausgeben kann oder will, ist man ziemlich frustriert. Aber auch wenn ich einen Fall löse, bekomme ich nicht immer mit, welche Folgen meine Ermittlungen haben. Wenn ich meinen Bericht geschrieben und ihn dem Auftraggeber übergeben habe, ist mein Job beendet, und ich bin raus. Was der Auftraggeber mit meinen Ergebnissen anfängt, ist seine Sache.

Was ich im Fall Thorsten Mahnke weiß, ist: Der zweite Vaterschaftstest, der mithilfe unserer Probe in der Gerichtsmedizin der Charité durchgeführt wurde, fiel positiv aus. Mahnkes Vaterschaft war bewiesen. Und Anke Steffen war uns unendlich dankbar. Als ich ihr das positive Testergebnis vorbeibrachte, hatte sie sogar ein Geschenk besorgt. Einen Bildband über Hamburg. Weil die Stadt mir so gefallen hatte.

Was ich nur vermuten kann, ist, dass das erste, negative Testergebnis nicht durch eine zufällige Vertauschung der Proben zustande kam, sondern absichtlich herbeigeführt wurde. Nachdem ich Mahnkes Proben in der Charité abgegeben hatte, war es mir wie Schuppen von den Augen gefallen. Ich hatte etwas übersehen. Etwas, das die ganze Zeit vor meiner Nase gelegen hatte. Mahnkes neue Freundin war Krankenschwester. Und der erste Vaterschaftstest war in einem Krankenhaus in Hannover durchgeführt worden. Streng genommen gehörte das nicht zu meinem Auftrag, aber ich wollte unbedingt wissen, ob ich mit meiner Vermutung richtig lag. Ich rief in dem Krankenhaus an und gab vor, ein Bekannter von Mahnkes Freundin zu sein, der wissen wollte, wohin diese umgezogen war. Die nette Dame von der Zentrale konnte mir zwar nicht mit einer Adresse oder einer Telefonnummer weiterhelfen, ihre Antwort bestätigte aber meine Vermutung, dass Mahnkes Freundin früher in dem Krankenhaus gearbeitet hatte. Natürlich war das kein Beweis. Aber die Vermutung, dass sie die Proben ihres Freundes oder des Kindes vertauscht hatte, lag nahe. Hatte er sie darum gebeten? Oder wollte sie verhindern, dass ihr neuer Freund seine Zeit und sein Geld in eine fremde Familie investierte? Ich habe Anke Steffen von meinem Verdacht erzählt. Sie war sichtlich erleichtert, dass sie nun eine Erklärung für das Testergebnis hatte. Auch wenn ihr Ruf damit nicht offiziell wiederhergestellt war.

Was ich nicht weiß, ist, was aus der kleinen Jasmin geworden ist. Wenn mein Fall abgeschlossen ist, würde ich einen ehemaligen Auftraggeber niemals anrufen, um zu hören, wie es ihm geht oder wie die Sache ausgegangen ist. Das geht mich nichts an. Und nur selten ruft ein Auftraggeber noch mal an, um mir zu erzählen, wie die Geschichte weitergegangen ist. Anke Steffen hat sich, so dankbar sie mir auch war, nach unserem letzten Treffen nie wieder gemeldet. Durch meine Arbeit an anderen Vaterschaftsfällen weiß ich, dass die Väter in der Regel auch ohne gerichtliche Verfügung bereit sind, Verantwortung für ihr Kind zu übernehmen, wenn die Vaterschaft erwiesen ist. Zumindest, was das Finanzielle betrifft. Mit einer Knochenmarkspende nimmt man allerdings sehr viel mehr auf sich, als Geld auf ein Konto zu überweisen. Ich kann nur hoffen, dass Thorsten Mahnke als Spender infrage kam und sich der Verantwortung gestellt hat. Und dass Jasmin heute eine gesunde junge Frau ist.

PUPPENWAHN

Für Detektive ist der Winter eine kritische Jahreszeit. Nicht nur, weil es keinen Spaß macht, bei Minusgraden stundenlang in der Kälte zu stehen oder im Auto zu hocken, sondern weil jedes Jahr im Winter Menschen mit den absonderlichsten Hirngespinsten zu mir kommen. Ich weiß nicht, woran es liegt, aber sobald es draußen ungemütlich wird und die Temperaturen unter null sinken, rufen in der Detektei plötzlich die schrägsten Leute an. Ich kann mich noch sehr gut an einen Anrufer erinnern, der überzeugt davon war, dass man ihm einen Sender in den Backenzahn implantiert hatte. »Die überwachen mir, Herr Wolff. Rund umme Uhr«, hatte er ins Telefon geflüstert.

»Wer überwacht Sie?«

»Na, der Bundesnachrichtendienst! Die wissen immer, wo ick bin und wat ick mache.«

»Und warum überwachen die Sie?«

»Dit iss wegen der Jeheimwaffe.«

»Welcher Geheimwaffe?«

»Dit kann ick Ihnen nich verraten. Dit iss doch jeheim.«

»Aha.« Ich hatte dem Mann erklärt, dass wir auf Fälle dieser Art leider nicht spezialisiert waren, und das Gespräch schnell beendet. Manchmal gelingt es mir allerdings nicht, diese Leute abzuwimmeln. Dann muss ich hinfahren und die Wohnung untersuchen. Eine meiner Klientinnen lässt ihre Wohnung sogar regelmäßig alle zwei Jahre auf Abhörvorrichtungen untersuchen. Natürlich finde ich nie etwas. Und natürlich glaubt sie mir nicht.

In diesem Jahr war es Anfang Dezember schon knackig kalt. Kurz zuvor war Schnee gefallen, der inzwischen an den Straßenrändern zu schmutzigen Haufen aufgetürmt lag. Meine Armbanduhr zeigte halb zehn Uhr morgens, als ich den Wagen vor meinem Büro parkte. Ich kam gerade hundemüde von einer Beobachtung. Trotz Wollsocken, langer Unterhose, Wintermantel, Schal und Mütze war ich völlig durchgefroren. Im Büro angekommen, machte ich mir erst mal einen Kaffee, lehnte mich an die warme Heizung und zog Bilanz: Ich hatte von drei Uhr nachts bis halb zehn im Auto gesessen und ein Einfamilienhaus beobachtet. Die Zielperson, der angeblich untreue Freund meiner Klientin, war nicht herausgekommen. Niemand hatte das Haus betreten. Auch sonst hatte sich nichts getan. Kurz: Der Fall war keinen Schritt vorangekommen. Ich hatte mir umsonst den Allerwertesten abgefroren. Leider ist das immer wieder Teil des Jobs: stundenlang im Auto sitzen und durch die Windschutzscheibe starren, ohne dass das Geringste passiert.

Als ich mich gerade mit der heißen Kaffeetasse in der Hand in meinen Bürosessel zurückgelehnt hatte, klingelte das Telefon. Ich seufzte, stellte die Tasse auf den Schreibtisch und nahm ab.

»Detektei Wolff.«

Keine Antwort.

»Hallo?«

Stille.

»Hallo?«

Nach einigen Sekunden meldete sich eine Frau.

»Ist dort das Detektivbüro?«

»Ja, da sind Sie richtig. Worum geht es denn?«

»Mein Name ist Probst, Charlotte Probst. Ich brauche Ihre Hilfe. Ich werde von einer anonymen Anruferin terrorisiert. Sie hat gedroht, mich umzubringen.«

Bitte nicht schon wieder einer dieser Spinner, flehte ich inständig. Ich beschloss, der Anruferin ein wenig auf den Zahn zu fühlen, sie ein bisschen zu beruhigen und anschließend abzuwimmeln. Nach dem stundenlangen Frieren hatte ich mir eine Kaffeepause verdient.

»Die Frau hat also gedroht, Sie zu töten?«

»Ja. Na ja. Sie …«

Aha. So ganz stimmte das also doch nicht.

»Was hat sie gesagt?«

»Ich … Ich kann nicht …«

»Hören Sie, ich würde Ihnen wirklich gern helfen. Aber wenn Sie mir nicht sagen, was los ist, kann ich leider nichts für Sie tun.« Ich trommelte mit dem Zeigefinger auf den Schreibtisch.

»Ja, ich verstehe. Aber das ist nicht so leicht am Telefon. Können Sie nicht vorbeikommen?«

Klar, am liebsten sofort! Ich riss mich zusammen und versuchte, diplomatisch zu sein.

»Das würde ich wirklich gern, aber vorher müsste ich schon genauer wissen, worum es geht.«

Wieder schwieg sie. Sie schien nachzudenken. Reimte sie sich gerade die letzten Details der Geschichte zusammen, die sie mir gleich auftischen würde?

»Ja«, sagte sie wieder, und dann klang es, als ob sie tief Luft holte. »Ich bekomme seit fast drei Monaten anonyme Anrufe. Und Drohbriefe. Gestern hat die Frau wieder angerufen. Sie hat gesagt, sie bringt mich um, wenn ich ihr kein Geld gebe.«

Ich stutzte. Das klang allerdings nicht nach Verschwörungstheorie. Es gab eine konkrete Forderung. Es gab Briefe. Die Geschichte würde sich überprüfen lassen.

»Ich kann einfach nicht mehr, ich halte das nicht länger aus.« Ihre Stimme zitterte. »Ich habe solche Angst, und ich ...«

»Darf ich fragen, warum Sie damit nicht zur Polizei gehen?«

»Da war ich schon, aber die haben mir nicht geglaubt. Vielleicht haben sie gedacht, ich will mich bloß wichtigmachen. Jedenfalls haben sie nichts unternommen.«

»Ich verstehe. Was halten Sie davon, wenn Sie zu mir ins Büro kommen, und dann erzählen Sie mir in Ruhe, was passiert ist? Ich bin mir sicher, dass wir eine Lösung finden werden.«

»In Ordnung.« Ihre Stimme klang immer noch wackelig. Aber auch ein wenig erleichtert. »Das heißt ... Könnten Sie nicht doch zu mir in den Laden kommen? Ich bin Restaurateurin und habe heute noch ein paar Kundentermine.« Ich seufzte leise. Das war's dann mit meiner Pause.

»In Ordnung. Ich bin in einer halben Stunde bei Ihnen.«

Ich notierte die Adresse und nahm noch einen letzten Schluck lauwarme Plörre aus der Kaffeetasse. Dann packte ich vorsichtshalber einen Koffer mit Überwachungsequipment ein, zog den Mantel wieder an und machte mich auf den Weg.

Ihr Geschäft lag im Ostteil der Stadt. Als ich eintrat, kündigte mich ein Schellen der Besitzerin an. Sie stand an einen Tisch gelehnt, auf dem eine altmodische schwarze Registrierkasse thronte, und unterhielt sich mit einem Kunden. Ein Mann in dunkelgrünem Parka und schwarzem Wollschal, so viel konnte ich von hinten erkennen. Als die Klingel läutete, blickte sie kurz hoch. Ich deutete ein Nicken an, dann wandte ich mich ab und schlenderte durch den Laden, um mir einen Überblick zu verschaffen.

Ich glaube, ich habe nie wieder einen Raum betreten, der so voller Kram war wie dieser Laden, der gleichzeitig als Verkaufs-, Ausstellungsfläche und Lager diente. Man musste ständig aufpassen, nicht an eine der vielen Kanten zu stoßen oder etwas umzuwerfen. An den Wänden reihten sich Kleiderschränke, verschnörkelte Kommoden und Anrichten aneinander, Beistelltische ragten in den Raum, gepolsterte Stühle, Lampenschirme, massige Standuhren, lauter altes Zeug. Und die Ablageflächen quollen über mit Bilderrahmen, geschnitzten Figuren und allerlei anderem Kleinkram.

Als ich in der hinteren Ecke des Geschäfts angekommen war, sah ich, dass dort noch ein kleiner Flur abging. Ich warf einen Blick über die Schulter: Der Kunde stand mit dem Rücken zu mir, und zwar so, dass die Restaurateurin mich nicht sehen konnte. Rasch zwängte ich mich an dem quer gestellten Tisch vorbei und trat in den Flur. Hier hinten war es dunkler als im Hauptraum und noch voller. Ein alter Eichenschrank bildete die rückseitige Front, davor stand ein geschwungener Kinderwagen aus der Vorkriegszeit, links an der Wand ein monströser Lampenschirm. An der rechten Wand stapelten sich in einem Regal Ordner, Kataloge, Quittungsblöcke, weiter oben Pinsel, Lacke, Lasuren, Schleifgeräte. Offenbar nutzte sie diesen Bereich als Materiallager und Büro. Als ich mich umdrehte, um in den Hauptraum zurückzukehren, spürte ich einen starren Blick auf mir ruhen. Irritiert schaute ich mich um und entdeckte eine kleine Porzellanpuppe, die oben auf einem Kinderkleiderschrank saß. Sie hatte dunkles Haar und trug ein schwarzes Kleid. Ihr Gesicht war blass, Wangen und Lippen schimmerten hellrot. Ihre Augen schienen mich unbarmherzig zu fixieren. Die Puppe sah aus wie ein Requisit aus einem Stephen-King-Film. Ein Zombie in Spielzeuggestalt, der jeden Moment zum Leben erwachen konnte. Und damit sollten Kinder spielen?, fragte ich mich. Dass die meisten Porzellanpuppen kein Spielzeug sind, sondern als Sammlerstücke gehandelt werden, wusste ich zu diesem Zeitpunkt noch nicht.

Zurück im Hauptraum entdeckte ich auf Schränken, Anrichten oder in Regalen noch mehr Porzellanpuppen. Blonde und braunhaarige, Puppen mit Zöpfen, mit Locken, in Rüschen- und Blümchenkleidern, mit Schürzen oder Hüten. Manche lehnten mit dem Rücken an der Wand, andere waren vorn an die Schrankkante gesetzt worden, sodass ihre Beine herunterbaumeln konnten –

wie kleine Spione, die aus ihrem sicheren Versteck das Geschehen beobachteten.

Inzwischen schien das Gespräch vorbei zu sein. Der Mann im Parka gab Charlotte Probst die Hand und verließ das Geschäft. Lächelnd ging ich auf sie zu.

»Mein Name ist Wolff, wir haben vorhin miteinander gesprochen.«

»Ja, natürlich. Warten Sie bitte kurz.« Sie ging zur Tür, drehte das Schild von »Geöffnet« auf »Geschlossen« und nahm hinter ihrem Tisch Platz. Mir bot sie einen dunklen Lederstuhl an. Ich setzte mich und sah sie aufmunternd an.

»Es ist gut, dass sie da sind«, begann sie. Das Lächeln, das ich während des Kundengesprächs noch auf ihrem Gesicht gesehen hatte, war offenbar nur Fassade gewesen. Jetzt presste sie die Lippen aufeinander, ihr Blick schweifte unruhig durch den Raum. Während sie nervös eine Strähne aus dem Gesicht strich, betrachtete ich sie genauer. Sie war eine attraktive Frau Anfang vierzig, sehr weiblich, aber auch ein bisschen exzentrisch. Ihr Gesicht war stark geschminkt: roter Lippenstift, schwarzer Lidstrich, dunkler Lidschatten. Das gelockte rotbraune Haar trug sie hochgesteckt, an ihren Ohren hingen große Silberringe. Und ihr schwarzes Kleid mit dem ausladenden Rollkragen stammte sicher nicht aus dem Kaufhaus. In krassem Gegensatz zu ihrem eleganten, selbstbewussten Stil standen der angespannte, ängstliche Gesichtsausdruck und die dunklen Ringe unter ihren Augen. Die Ereignisse der letzten Wochen hatten eindeutig ihre Spuren hinterlassen.

»Sie ... Sie hat noch mal angerufen«, fuhr sie endlich mit tonloser Stimme fort. Während sie sprach, umklammerte sie den Kugelschreiber vor sich auf dem Tisch. Sie presste die Fingerkuppen so fest gegen den Griff, dass ich Angst bekam, er würde gleich durchbrechen.

»Wann war das?«, fragte ich.

»Kurz nachdem wir miteinander gesprochen haben.«

»Was hat sie gesagt?«

Sie holte tief Luft.

»Sie will 50 000 Mark. Wenn ich ihr das Geld nicht gebe, dann …« Ihre Stimme zitterte so stark, dass sie nicht weitersprechen konnte. Sie wandte den Blick ab. »Dann schlägt sie mich tot. Das hat sie gesagt.«

Ich ging zunächst nicht weiter auf die Drohung ein. »Hat sie auch gesagt, wann und wo Sie ihr das Geld geben sollen?«

»Am Alexanderplatz. Donnerstag um zehn, an der Weltzeituhr.«

Donnerstag war übermorgen. Mir würde verdammt wenig Zeit für Recherche und Vorbereitung bleiben.

»Ich … Ich weiß überhaupt nicht, was ich tun soll. Ich möchte da nicht hingehen. Aber wenn ich es nicht tue …« Wieder brach sie ab und verbarg ihr Gesicht in den Händen.

Ich versuchte, sie zu beruhigen, und ging erst mal nicht weiter auf die Frage der Geldübergabe ein, sondern versuchte, mir zunächst einen Überblick zu verschaffen, was in den letzten Wochen eigentlich passiert war. Nachdem sie sich wieder gefasst hatte, beantwortete die Restaurateurin meine Fragen, und bald hatte ich ein ungefähres Bild von dem Fall: Der anonyme Terror hatte vor etwa drei Monaten begonnen. Seitdem hatte meine Auftraggeberin fünf Anrufe und drei Briefe erhalten. Die Stimme am Telefon identifizierte sie eindeutig als weiblich, sie kam ihr weder sehr jung noch sehr alt vor. Die Frau hatte sie bei jedem Anruf beschimpft und ihr mehrmals gedroht, den Laden anzuzünden, ihr Gewalt anzutun und schließlich sogar, sie zu töten. Die Anrufe hatte sie jedes Mal im Geschäft angenommen. Da es nur einen Telefonanschluss für den Laden und die Wohnung mit Atelier im darüberliegenden Stockwerk gab, fühlte sie sich inzwischen nirgendwo mehr sicher. Sie lebte allein und hatte ständig Angst. Außerdem war sie vor Kurzem geschieden worden und danach in psychologischer Betreuung gewesen. Sie war also insgesamt in einer labilen Verfassung.

Anschließend sah ich mir die Briefe an. Und spätestens da waren alle Zweifel, die ich während des Telefonats gehabt hatte, beseitigt. Die Restaurateurin war weder verrückt, noch hatte sie sich die Drohungen eingebildet. Dafür war die Unbekannte, die sie terrorisierte, offensichtlich schwer gestört. »Du mieses Flittchen, ich fackel deinen Laden ab«, las ich. »Ich hasse dich, du gemeines Miststück«, oder: »Ich sorge dafür, dass du in die Klapse gehst und nie wieder rauskommst.« Beim letzten Satz wurde ich stutzig. Das konnte man als Anspielung darauf verstehen, dass die Restaurateurin in psychologischer Behandlung gewesen war. Und das wiederum würde heißen, dass die Täterin ihr Opfer gut kannte.

Ich musste herausfinden, ob die Auftraggeberin einen Verdacht hatte – das ist immer eine meiner ersten Fragen. Ins Blaue hinein zu ermitteln, führt zu nichts. Man braucht einen Ansatzpunkt. Und die wichtigsten Informationen liefert am Anfang der Auftraggeber, denn der Täter stammt fast immer aus dem Umfeld des Opfers.

»Ich weiß, es ist nicht leicht, sich vorzustellen, dass es jemanden gibt, der einem schaden will«, begann ich. »Aber die Täterin kennt Sie – entweder privat oder geschäftlich. Haben Sie irgendeine Idee, wer die Frau sein könnte?«

Sie schüttelte den Kopf.

»Eine Konkurrentin vielleicht? Oder eine Geschäftspartnerin, mit der Sie sich gestritten haben? Gibt es jemanden in Ihrer Familie oder Ihrem Freundeskreis, der einen Grund hat, wütend auf Sie zu sein?«

Wieder bekam ich als Antwort nur ein Kopfschütteln. Langsam wurde ich ungeduldig. Irgendeine Erklärung musste sie sich in den letzten Monaten doch zusammengereimt haben. Ich unternahm einen letzten Versuch.

»Sie haben gesagt, die Anruferin war eine Frau. Aber theoretisch könnte jemand sie engagiert haben. Jemand, dessen Stimme Sie am Telefon vielleicht erkannt hätten. Jemand, der den Verdacht von sich ablenken will.« Ich hielt diese Möglichkeit nicht für wahrscheinlich, wollte aber keine Option vorschnell ausschließen. »Was ist mit Ihrem Exmann? Sie sagten, die Scheidung liegt noch nicht lange zurück.«

»Ich weiß, was Sie denken, aber da ist nichts. Die Trennung war sehr schmerzhaft, für uns beide. Aber es gibt nichts, was mein Mann mir noch nachtragen könnte, glauben Sie mir. Ich weiß, Sie wollen, dass ich Ihnen einen Namen nenne. Aber ich … ich kann mir einfach nicht vorstellen, wer mich so hassen könnte.«

Entweder, Charlotte Probst hatte wirklich keine Ahnung, wer hinter den Drohungen steckte, oder sie wollte es mir nicht sagen. Solange sie keinen Verdacht äußerte, konnte ich allerdings nichts tun. Mir blieb nur die Überwachung von Laden und Telefon.

Normalerweise ist die Überwachung öffentlicher Räume nicht zulässig, in Ausnahmefällen wie einer akuten Bedrohungssituation jedoch schon. Ich glaubte zwar nicht, dass die Anruferin sich hier blicken lassen würde, aber zumindest würden die Kameras die Auftraggeberin etwas beruhigen. Als ich gerade die Technik aus dem Auto holen wollte, klingelte das Telefon. Erschrocken sah mich die Restaurateurin an. Ich nickte ihr beruhigend zu, und sie nahm ab. Ihre Gesichtszüge entspannten sich. Nur ein Kunde.

Während sie telefonierte, überlegte ich. Die Abhörvorrichtung anzubringen, war kein Problem. Die Telefone waren zu der Zeit noch analog. Man konnte die Vorrichtung also einfach in die Zuleitung zum Telefon zwischenschalten und so die Gespräche mitschneiden. Schwieriger war die Sache mit den Kameras. Da der Raum so verwinkelt war, beschloss ich, drei Stück anzubringen: eine, die die Tür und den Eingangsbereich aufzeichnete, eine, die den Hauptraum inklusive des Verkaufstisches mit Telefon erfasste, und eine für den hinteren Flur. Auf der Suche nach einem geeigneten Versteck für die Kameras blieb mein Blick an der dunkelhaarigen Puppe hängen, die mich vorhin erschreckt hatte. Entschlossen ging ich auf sie zu und nahm sie vom Schrank. Aus der Nähe hatte sie nichts Unheimliches mehr, eher etwas Lächerliches. Ein nutzloses Spielzeug, das man irgendwo hinstellte und dann vergaß. Als Kameraversteck war die Puppe allerdings bestens geeignet. Leider würden ihre kleinen Glasaugen dran glauben müssen – Rache muss sein.

Ich installierte mit dem Einverständnis meiner Auftraggeberin drei Stiftkameras, jeweils in Auge, Mund und Rüschenkleid einer Puppe, sowie die Abhörvorrichtung an der Telefonleitung. Dass wir von nun an jeden Anruf und jeden Besucher im Laden aufzeichnen würden, schien Charlotte Probst zu beruhigen.

»Wir müssen noch mal über die Geldübergabe sprechen«, kam ich schließlich auf das heikle Thema zurück.

Die Restaurateurin sah mich nicht an.

»Ich weiß, Sie haben eine Heidenangst davor. Das kann ich verstehen. Aber Sie wären ja nicht allein. Eine Kollegin und ich würden Sie natürlich begleiten. Außerdem sind am Alex ständig Menschen unterwegs – sie wird Ihnen dort nichts tun.«

Sie sah mich skeptisch an.

»Könnten Sie so viel Geld eigentlich beschaffen? 30 000 würden wahrscheinlich schon reichen – sie kann es ja nicht so schnell zählen, aber es muss nach viel aussehen.«

Sie zögerte kurz, dann nickte sie.

»Ich denke schon. Aber was ist, wenn sie mit dem Geld entkommt?«

»Das wird ihr nicht gelingen – dafür sind wir ja da. Und zur Sicherheit werde ich die Geldscheine so präparieren, dass sie Spuren an den Händen der Frau hinterlassen. Sie haben die Wahl. So wie der Fall jetzt liegt, habe ich überhaupt keinen Ansatzpunkt. Wenn Sie dort nicht erscheinen, wird der Terror gegen Sie weitergehen. Und wir wissen beide nicht, wozu die Frau fähig ist, wenn Sie ihr das Geld nicht geben.«

Ich sah sie unverwandt an. Schließlich nickte sie.

Ich versprach, mich am nächsten Tag wieder zu melden, und verabschiedete mich. Als ich nach der Türklinke griff, drehte ich mich noch mal um und warf einen letzten Blick auf meine drei Spione. Für die Kunden, die in nächster Zeit das Geschäft besuchten, waren es nur gewöhnliche Porzellanpuppen. Doch in Wirklichkeit waren die drei ab jetzt verdeckte Ermittler im Dienste der Detektei Wolff. Harmlos. Unauffällig. Und rund um die Uhr im Einsatz. Ich grinste. Vielleicht konnte ich sie, wenn der Fall abgeschlossen war, mal für längere Beobachtungen bei Minusgraden ausleihen.

Am Abend konnte ich lange nicht einschlafen. Ich war spät nach Hause gekommen, und meine Frau Marlen war schon ins Bett gegangen. Im Schlafzimmer war es sibirisch kalt. Wahrscheinlich hatte Marlen vor dem Schlafengehen noch mal gründlich durchgelüftet und vergessen, die Heizung danach wieder aufzudrehen. Doch ehrlich gesagt war nicht nur die Kälte daran schuld, dass ich nicht einschlafen konnte. Der Fall hatte ein mulmiges Gefühl in meinem Magen hinterlassen. Auch wenn das schleppende Gespräch mit der Auftraggeberin meine Geduld strapaziert hatte, konnte ich gut verstehen, dass sie Angst hatte. Ich fragte mich, was die Erpresserin antrieb. Dass es ihr nicht in erster Linie um Geld ging, stand für mich fest. Bei so viel Hass, der in den Briefen zum Ausdruck kam, konnte nur ein persönliches Motiv dahinterstecken. Mein Gefühl sagte mir, dass die Verrückte von meiner Klientin tief verletzt worden sein musste. Andererseits konnte diese sich an keinen Vorfall erinnern. Ich fragte mich, ob es irgendein entscheidendes Detail gab, das ich übersehen hatte.

Nachdem ich am Nachmittag ins Büro zurückgekehrt war, hatte ich mir die Briefe noch mal in Ruhe angesehen. Mit anonymen Drohungen kannte ich mich schließlich aus, da ich nach dem Studium viele Jahre in der Schriftenfahndung tätig gewesen war und dabei eng mit den Sachverständigen des kriminalistischen Instituts zusammengearbeitet hatte. Das Problem in der DDR war allerdings: Kriminalistische Arbeit war nur im Staatsdienst möglich – und das bedeutete, für die Stasi oder die Polizei zu arbeiten. Der Beruf des Detektivs war nicht einmal zugelassen. Ich wusste jedoch damals schon, dass ich ermittlerisch tätig sein wollte: Spuren verfolgen, Täter dingfest machen, Verbrechen aufklären oder, besser noch, verhindern. Das war meine große Leidenschaft, dafür hatte ich eine Begabung. Und so hatte mein Weg mich nach dem Studium ins Ministerium für Staatssicherheit geführt, genauer: in die Abteilung für Terrorabwehr. Dort fand ich als Absolvent der Kriminalistik ein sehr privilegiertes Arbeitsumfeld vor – das jedoch auch seinen Preis hatte, wie ich später herausfinden musste. Zur damaligen Zeit aber fühlte es sich wie ein Volltreffer an. Ich hätte auch zur Polizei gehen können, doch die Qualität der kriminalistischen Arbeit und die technische Ausstattung waren dort sehr viel schlechter.

Anfang der Achtziger fing ich also bei der Terrorabwehr an, noch sehr jung, sehr naiv und von der Idee des Sozialismus angetan. Überzeugt davon, dass ich die Zugehörigkeit zur Staatssicherheit als kleineres Übel in Kauf nehmen musste, wollte ich mein Land und seine Bürger gegen Gewaltandrohungen von innen und außen schützen. Meine Kollegen und ich waren dafür zuständig, terroristische und sonstige extremistische Aktivitäten gegen den Staat ausfindig zu machen, aufzuklären und zu verhindern. Nach und nach merkte ich jedoch, wie brüchig das System war. Dass die Theorie des Sozialismus zwar gerecht war, es in der Praxis aber nicht funktionierte. An allen Ecken und Enden gab es Probleme, über die man sich zwar intern verständigte – über die auch damals schon offen gesprochen wurde –, die jedoch einfach nicht gelöst werden konnten. Vor allem die Engpässe in der Versorgung mit nötigen Waren des täglichen Gebrauchs und mit Grundnahrungsmitteln sowie die mangelhafte Ausstattung der Krankenhäuser waren anscheinend unlösbare Probleme. Je länger ich dabei war, desto klarer wurde mir, dass ich vieles, was der Staat und insbesondere die Staatssicherheit im Namen der sozialistischen Idee gegen seine Bürger unternahmen, nicht gutheißen konnte – die Kriminalisierung Andersdenkender, die gebetsmühlenartig proklamierte Einheit von Wirtschafts- und Sozialpolitik oder das Preisdiktat durch den Staat, um nur einige Dinge zu nennen. Wie so vielen in der damaligen Zeit wurde mir klar, dass die kritischen Stimmen innerhalb der DDR, die im Laufe der Achtzigerjahre immer lauter wurden, recht hatten. Trotzdem hatte auch ich nicht den Mut, mich offen gegen das System zu stellen. Ein enger Freund von mir, der ebenfalls Kriminalistik studieren wollte, war gleich im zweiten Semester von der Uni geflogen, weil er offen seine Meinung geäußert hatte. Diese Erfahrung hatte mich zwar schockiert, aber noch nicht erschüttert in meinem Glauben an die Idee des gelebten Sozialismus. Erst als Ende der Achtziger ein Kollege suspendiert wurde, weil er offen für die Protestgruppen der Montagsdemonstranten Partei ergriffen hatte, wurde mir klar, dass das System zum Scheitern verurteilt war. Ich bewunderte meinen Kollegen damals für seinen Mut, hätte mich aber selbst nie getraut, offen Kritik am Staat zu äußern und damit meinen Job und meine Familie in Gefahr zu bringen. Trotzdem konnte und wollte ich nicht länger dabei zusehen, wie meine kriminalistische Leidenschaft für den Erhalt eines überholten Staates instrumentalisiert wurde. Also verfasste ich 1989 zusammen mit einem Kollegen einen Brief an die Volkskammer der DDR, in dem wir offiziell um die Zulassung des Detektivberufs ersuchten. Auf eine Antwort warten wir allerdings bis heute.

Trotz meiner Tätigkeit für die Stasi war es mir gelungen, in meiner Arbeit für die Terrorabwehr nie gegen meine moralischen Prinzipien zu handeln. Der Gegenstand meiner Arbeit erleichterte das. Denn die von uns untersuchten Delikte gelten auch heute noch in allen demokratischen Ländern als Straftatbestände. Unsere Arbeit richtete sich nicht gegen politisch Andersdenkende und Systemgegner, sondern diente in erster Linie der Verhinderung von Gewalttaten – zum Beispiel von terroristischen Geiselnahmen oder Flugzeugentführungen –, der Sicherung von Sprengkörpern oder darum, den Drogenschmuggel von der BRD in die DDR zu unterbinden. Die Unterabteilung, der ich angehörte, befasste sich speziell mit der Verfolgung anonymer und pseudonymer Gewaltandrohungen, die zu etwa fünfzig Prozent aus dem Ausland stammten, das hieß in erster Linie: Erpresser- und Drohbriefe oder -anrufe. Anfang der Achtziger hatten wir es zum Beispiel mit einem anonymen Schreiber zu tun, der ankündigte, einen Stausee im Vogtland vergiften zu wollen. Hintergrund dieser Briefe waren die üblichen Versorgungsengpässe in der DDR, die das ganze Land mit Ausnahme der Hauptstadt betrafen und mit denen sich der Schreiber nicht länger abfinden wollte. Eine aufwendige Fahndung wurde durchgeführt und der See so weiträumig abgeriegelt, dass der Täter seine Drohung nicht umsetzen konnte. Überführen konnten wir ihn allerdings nicht. Ein paar Jahre danach hatten wir es kurz vor Weihnachten mit einer rechtsextremistischen Gruppierung innerhalb der DDR zu tun, die damit drohte, eine Kirche zu sprengen. Und so hockten wir am Heiligen Abend auf kalten Kirchenbänken, statt im warmen Wohnzimmer mit der Familie Bescherung zu feiern. Doch der Täter ließ sich nicht blicken. Warum er es sich anders überlegt hatte, erfuhren wir nicht. Zum Glück ließ er danach nie wieder von sich hören.

Darüber hinaus landeten immer wieder anonyme Briefe in unserer Abteilung, in denen Honecker und anderen Parteifunktionären Gewalt oder sogar Mord angedroht wurde. Die Briefe kamen sowohl aus der BRD als auch aus der DDR, allerdings waren die wenigsten davon ernst zu nehmen. Eine Vielzahl der Absender hatte ganz eindeutig einen psychischen Knacks. Bearbeiten mussten wir die Schreiben dennoch. Manchmal fanden sich darunter jedoch auch intelligent formulierte Briefe, deren Absender die Politik der SED mit guten und klaren Argumenten kritisierten. Oft dachte ich: Die haben zu hundert Prozent recht. Viele der Briefe öffneten mir die Augen für Missstände, die es offiziell nicht gab oder die kaum bekannt waren, zum Beispiel Wohnungsnot oder der zunehmende Verfall von Wohngebäuden, gegen den niemand etwas unternahm. Bei diesen

Briefen, deren Absendern es vor allem darum ging, Mängel und Probleme aufzuzeigen und deren Drohungen unserer Einschätzung nach ungefährlich waren, gaben wir uns keine besondere Mühe, den Absender zu ermitteln. Nach einiger Zeit legten wir die Fälle zu den Akten. Ungelöst.

Eines meiner Spezialgebiete war die Tätereingrenzung mithilfe der Papierbeschaffenheit. Ich hatte Anfang der Achtziger meine Diplomarbeit über Herkunftsbestimmungen zu Schreibpapieren verfasst und war dazu alle Papierfabriken der DDR abgefahren. Ich hatte mich über den Herstellungsprozess schlaugemacht, die verwendeten Inhaltsstoffe notiert und die Vertriebswege geprüft. Und nebenbei das ganze Land bereist. Herkunftsbestimmungen waren damals hilfreich, um festzustellen, ob das jeweilige Papier mit Papieren im Besitz des Tatverdächtigen identisch war. Nach der Wende war die Zurückverfolgung eines Papiers zu seiner Produktions- und Verkaufsstätte allerdings fast unmöglich geworden. Im Institut hatten wir außerdem ein Labor, um anonyme Schreiben auf Spuren zu untersuchen. Durch einen Speicheltest zum Beispiel ließ sich – wenn beim Anfeuchten der Marke Blutgruppensekret ausgeschieden worden war – die Blutgruppe des Täters bestimmen. Manchmal fanden sich auch Haare, Fasern oder andere Partikel unter der Marke oder im Umschlag. Natürlich mussten wir auch Fingerabdrücke von den Blättern nehmen, fanden aber selten verwertbare Spuren. Fingerabdrücke werden ohnehin stark überbewertet. Im Fernsehen macht sich das immer gut, aber in der Realität findet man meist nur verwischte Abdrücke, Teilabdrücke oder sich überlagernde Abdrücke. Der Hauptteil der Untersuchung eines anonymen Schreibens konzentrierte sich auf Schrift, Sprache und Inhalt. Dafür hatte es damals Spezialisten gegeben, die man heute Profiler nennen würde. Sie erstellten eine Täter-Charakteristik: Wie alt war der Absender ungefähr? Wie hoch sein Bildungsgrad? Wiesen bestimmte Inhalte oder Ausdrücke auf einen Berufszweig oder auf spezielle Kenntnisse hin? In welcher Verfassung hatte der Absender den Brief geschrieben?

Während ich mich hin- und herwälzte und vergeblich darauf wartete, dass der Schlaf kam, ging ich noch mal alle Ergebnisse meiner nachmittäglichen Untersuchung der Briefe durch. Ich hatte mit dem Umschlag angefangen. Die Briefe waren auf dem Postweg zugestellt worden. Da es in Berlin nur zwei zentrale Verteilerzentren gab, half mir der Stempel allerdings nicht weiter. Und da ich keine Verdächtige hatte, mit der ich die Spuren hätte abgleichen können, konnte ich mir einen aufwendigen Speicheltest oder eine Untersuchung auf Fingerabdrücke erst mal sparen. Dann sah ich mir das Papier an. Die anonyme Schreiberin hatte stinknormales weißes A4-Papier verwendet, blanko Seiten mit geringem Wolkigkeitsgrad, die zum Beispiel als Kopierpapier verkauft werden. Sie hatte außerdem einen gewöhnlichen blauen Kugelschreiber verwendet. Kein farbiges Papier, kein breiter Füllfederhalter, keine Kritzeleien am Blattrand, nichts, was einen Hinweis auf die Identität der Verfasserin gab.

Ich hatte gehofft, dass mich die Erstellung eines Täterprofils weiterbringen würde. Ein solches Profil ist, zugegeben, oft eine vage Sache. Um brauchbare Aussagen treffen zu können, benötigt man mindestens eine halbe

Seite Text. Die Briefe, die ich vorliegen hatte, waren alle kürzer. Zuerst befasste ich mich mit der Handschrift. Grafologie ist ein umstrittenes Feld, viele halten es für Kaffeesatzleserei. Ich glaube, dass man aus der Handschrift eines Menschen zumindest grobe Charakterzüge, besondere Begabungen oder das Geschlecht des Schreibenden ablesen kann. Was bei der Schrift sofort ins Auge sprang, waren die vielen Schnörkel und das leicht Ausladende. Das deutete immerhin auf einen weiblichen Verfasser hin. Als Nächstes fielen mir die verhältnismäßig vielen Unregelmäßigkeiten in der Schriftgröße, der Schriftweite sowie in der Neigung der Buchstaben auf. Auch schien sie nicht in gleichbleibendem Tempo geschrieben zu haben: Mal waren die Buchstaben ausgeprägt und gut lesbar, mal waren Buchstabenelemente vernachlässigt worden. Es gab außerdem einzelne Stellen, an denen die Verfasserin beim Schreiben stark aufgedrückt hatte. Bezeichnenderweise immer dort, wo sie die Antiquitätenhändlerin beschimpfte oder ihr drohte. All diese Merkmale vermittelten den Eindruck, dass die Verfasserin sehr aufgewühlt gewesen war und Mühe gehabt hatte, ihre Emotionen beim Schreiben unter Kontrolle zu halten. Meine Analyse der Sprache und des Inhalts bestätigte diesen Eindruck. Weder erzählte noch beschrieb oder erklärte die Verfasserin irgendwelche Sachverhalte. Die Briefe bestanden fast ausschließlich aus Beleidigungen und Drohungen. Ausdrücke wie »Flittchen«, »Schlampe«, »mieses Stück« kamen gehäuft vor, außerdem sowohl diffuse als auch konkrete Drohungen: den Laden anzuzünden, die Antiquitätenhändlerin in die Psychiatrie einweisen zu lassen, sie fertigzumachen, ihr körperliche Gewalt anzutun. Vokabular und Grammatik der Briefe waren sehr simpel gehalten: keine Fremd- oder Fachwörter, verhältnismäßig kurze Sätze, Ich- oder Du-Botschaften dominierten. Auch das passte ins Profil: Wenn wir wütend sind und die Kontrolle verlieren, bedienen wir uns oft einer etwas kindlichen, einfacheren Sprache.

Das Täterprofil hatte mich beunruhigt. Aus Erfahrung wusste ich zwar, dass anonyme Anrufer oder Schreiber ihre Drohungen in fast allen Fällen nicht ausführen. Sie wollen bloß Dampf ablassen. Wenn ein Täter sein Vorhaben durchführen will, dann zieht er es in der Regel ohne Ankündigung durch. Alles andere wäre für sein Vorhaben kontraproduktiv, weil das Opfer dann gewarnt ist – es sei denn, er genießt es, dem Opfer vorher Angst einzujagen. In diesem Fall befürchtete ich jedoch, dass hinter den Drohungen auch reale Gewaltbereitschaft steckte. Um mich abzusichern, war ich abends noch zu einem befreundeten Schriftgutachter gefahren und hatte ihm die Briefe gezeigt. Die spontane Einschätzung des Gutachters bestätigte meinen Eindruck: Die Schreiberin besaß eine sehr wechselhafte Persönlichkeit, von der Gefahr ausgehen konnte. Sie war starrsinnig, durchaus mit einem Hang zur Brutalität und steigerte sich bisweilen in ihren Hass auf die Antiquitätenhändlerin hinein. Sie hatte offensichtlich keine Kontrolle mehr über ihre Emotionen, darum war sie unberechenbar. Unkontrolliert und unberechenbar. Ich würde am Donnerstag also in der Kälte herumstehen und auf eine durchgeknallte Irre mit hohem Gewaltpotenzial warten. Verlockende Aussichten.

Am Donnerstagmorgen traf ich um halb zehn am Alexanderplatz ein. Es war kalt, der Himmel war grau, und ich hatte schlecht geschlafen. Obwohl es für einen Samstag noch recht früh war, waren im Bahnhof und auf dem Platz schon einige Menschen unterwegs. Der Alexanderplatz ist schon immer ein beliebter Treffpunkt gewesen, bei Berlinern genauso wie bei Touristen. Zu DDR-Zeiten war er das Zentrum Ost-Berlins. Die meisten Leute aus den Ostbezirken stiegen am Alex um, andere nahmen hier den Fernzug. Die Touristen kamen, um den Fernsehturm zu besichtigen, die Berliner, um in der Markthalle oder im Centrum-Warenhaus einzukaufen. Im Umfeld des Alex hatten die Staatsfeierlichkeiten zum 25. Jahrestag der DDR genauso stattgefunden wie die große Kundgebung gegen die SED im November ’89. Seit der Wende hatte sich noch nicht viel verändert. Die Markthalle war umgebaut worden, hatte aber inzwischen wieder geöffnet. Die Touristen kamen immer noch, um den Fernsehturm anzuschauen, Reisende, um umzusteigen. Aus dem Warenhaus war Kaufhof geworden, aber die Außenverkleidung aus Aluminium-Waben war immer noch dieselbe.

Zusammen mit Bernd und Julia, die mich bei der Übergabe unterstützen würden, ging ich über den Platz. Ich hatte sie für den Einsatz ausgesucht, weil ich mit beiden schon oft zusammengearbeitet hatte und wusste, sie hatten die Erfahrung und Abgeklärtheit, die man braucht, um in brenzligen Situationen nicht die Nerven zu verlieren. Außerdem ist es für die Tarnung immer gut, eine Frau dabeizuhaben. Dem Klischee nach, das die meisten Leute im Kopf haben, ist ein Privatdetektiv nun mal männlich und nicht weiblich. Und gerade bei Julia würde man auf den ersten Blick niemals vermuten, dass sie Privatermittlerin ist: sie ist hübsch, modebewusst, offen und für jeden Spaß zu haben.

Wir bezogen an den vereinbarten Plätzen Position: ich vorm Berolinahaus, Julia und Bernd, als Pärchen getarnt, vorm gegenüberliegenden Alexanderhaus – Bernd in dicker Daunenjacke und Jeans, Julia, die zu jeder Jahreszeit am liebsten Kleider trägt, in Lederstiefeln, dicker Wollstrumpfhose und dunklem Mantel, unter dem ein roter Saum hervorlugte. Sowohl das Berolinahaus als auch das Alexanderhaus waren nicht weit von der Urania-Weltzeituhr entfernt. Wir hatten also nicht nur freie Sicht auf den verabredeten Treffpunkt und die Leute, die sich von den U- und S-Bahnausgängen näherten, wir würden im Ernstfall auch schnell zugreifen können.

Die Weltzeituhr ist besonders bei Verliebten sehr beliebt. Schon Anfang der Siebziger, als ich noch ein Teenager war, haben sich die Pärchen unter der Uhr getroffen. Ein Paar, das dort um Mitternacht Händchen hält, bleibt angeblich für immer zusammen. Bei mir hatte es damals nicht geklappt, aber das war sicherlich besser so. Ich habe jedenfalls keine Ahnung, wie diese Legende entstanden ist. Vielleicht wegen der Planeten, die oben auf der Uhr kreisen. Kommen Männer nicht angeblich vom Mars und Frauen von der Venus? Das Treffen, dem ich entgegensah, stand jedenfalls ganz sicher nicht unter einem romantischen Stern.

Um nicht aufzufallen, hatte ich mich wie ein amerikanischer Tourist angezogen. Genau genommen: wie ein dicker amerikanischer Tourist. Da ich fest vorhatte, den Kampf gegen die Kälte dieses Mal zu gewinnen, trug ich unter der blau-weißen Baseballjacke zwei warme Wollpullover. Um meine Verkleidung abzurunden, hatte ich mir eine Bauchtasche umgeschnallt und ein Basecap aufgesetzt. Das Beste war jedoch die Kamera. Typisch für einen Touristen, und gleichzeitig konnte ich damit Beweisbilder schießen. In dieser Montur fiel ich hier wirklich nicht weiter auf. Charlotte Probst würde sich erst um zehn Uhr einfinden, genau wie es die Anruferin verlangt hatte. Jetzt hieß es warten und den Platz im Auge behalten.

Den gestrigen Tag hatte ich genutzt, um unseren Einsatz vorzubereiten. Nachdem ich die Überwachung des angeblich untreuen Ehemanns einem freien Mitarbeiter übertragen hatte, schaute ich mich zuerst am Alex um. Dann war ich erneut zu der Restaurateurin gefahren. Dieses Mal hatte ich Julia mitgenommen, weil ich hoffte, dass Charlotte Probst sich in Anwesenheit einer Frau etwas entspannen würde. Weit gefehlt. Als wir anfangen wollten, die Details der Übergabe zu besprechen, hatte uns unsere Auftraggeberin mitgeteilt, sie habe es sich anders überlegt und wolle nun doch nicht zu der Übergabe erscheinen. Mich hatte das unheimlich geärgert, aber Julia, die Charlotte Probst sehr sympathisch und vor allem »modisch top« fand, hatte zum Glück gelassen und verständnisvoll reagiert. Sie hatte Charlotte Probst in aller Ruhe erklärt, wie die Übergabe ablaufen würde und warum sie notwendig war. Die Angst, die Frau könne ihr bei der Übergabe etwas antun, war der Restaurateurin trotzdem nur schwer auszureden. Am Ende hatten die beiden mich weichgekocht: Damit Charlotte Probst sich sicher fühlen konnte, sagte ich ihr zu, dass wir bei der Übergabe zu dritt anrücken würden – auch wenn sie nur zwei Mitarbeiter bezahlen konnte.

Ich weiß nicht, woran es liegt, aber bei Frauen knicke ich früher oder später immer ein.

Wir hatten dann die weiteren Details besprochen und, vor allem, das Geld präpariert. Wenn man den Kontakt mit Geldscheinen an Menschen oder Gegenständen nachweisen will, hat man verschiedene Möglichkeiten. Früher wurde häufiger Rhodamin verwendet, das die Haut in Verbindung mit Schweiß violett färbt. Rhodamin wird innerhalb weniger Sekunden auf der Haut für jeden sichtbar, also auch für den Täter selbst. Die Verfärbung verschwindet erst nach einigen Tagen, man kann das Präparat nicht einfach abwaschen. Aus rechtlichen Gründen wird es heute kaum noch verwendet – irgendjemand hatte sich gefragt, ob das nicht Körperverletzung sei.

Heute gibt es zur Markierung von Geldscheinen künstliches DNA-Spray, UV-Gel oder -Lack. Damals habe ich UV-Pulver benutzt, ein feiner Staub, der nur eine schwache Färbung aufweist. Es lässt sich optisch nur mithilfe von UV-Licht in einem bestimmten Wellenlängenbereich nachweisen. Um es sichtbar zu machen, benötigt man daher eine spezielle UV-Leuchte. Das Pulver gibt es in unterschiedlichen Pigmentierungen, sodass man sich den Farbton aussuchen kann, der am besten zum Untergrund passt. Da das Geld, das die Auftraggeberin von der Bank erhalten hatte, vorwiegend aus 200er-Scheinen bestand, entschied ich mich für Rot. Die Partikel bleiben an den Händen haften und werden auf jeden Gegenstand, den man berührt, übertragen. Allerdings fallen sie mit der Zeit ab. Wir würden nach der Übergabe also relativ schnell tätig werden müssen. Erst mal mussten wir die Täterin allerdings zu fassen bekommen.

Während ich wartete, wurde es langsam voller am Alexanderplatz. Zu den Fernreisenden und Pendlern gesellten sich die Wochenend- und Weihnachtseinkäufer – Frauen, sehr viele Frauen. Allein, in Gruppen, manche auch in männlicher Begleitung. Da war ich in meiner Rolle des dicken amerikanischen Touristen doch sehr viel besser dran.

Um kurz vor zehn erschien Charlotte Probst auf der Bildfläche. Im langen schwarzen Mantel, mit Kaschmirschal und einer kleinen Reisetasche, die sie in der Armbeuge trug. Ihr Aufzug hätte etwas Unheimliches gehabt, wenn sie nicht so ängstlich und verschreckt ausgesehen hätte. Unsicher um sich blickend, ging sie auf die Uhr zu und blieb auf dem Windrosenmosaik, das den Boden rund um die Säule ziert, stehen. Die Tasche mit dem Geld setzte sie nicht ab, sondern ging nervös hin und her, mal nach links, mal nach rechts, dann wieder nach hinten. Sobald jemand auf sie zukam, wich sie erschrocken zurück. Immerhin hielt sie sich an unsere Abmachung: Sie schaute weder zu mir noch zu Julia und Bernd. Für den absoluten Notfall hatten wir in der Innentasche ihres Mantels ein Funkgerät angebracht – so nah am Mund wie möglich. Sollte sie sich bedroht fühlen, würde sie das Codewort für unseren Einsatz durchgeben: Puppenspiel.

Ich schaute auf die Uhr. Zehn nach zehn. Noch immer war keine auffällige Person zu sehen. Ich drehte mich zur Seite und nahm über Funk Kontakt zu Julia auf. Auch ihr war nichts aufgefallen. Plötzlich bemerkte ich eine Frau, die sich vom S-Bahnhof her zielstrebig der Weltzeituhr näherte. Sie hatte rotes Haar, trug einen halblangen beigen Mantel und eine weiße Strickmütze.

In der Linken hielt sie eine kleine Tasche, die Rechte war in ihrer Jackentasche verborgen. »Achtung, mögliche Zielperson nähert sich der Klientin«, gab ich per Funk an die Kollegen durch. Doch die beiden hatten die Frau schon bemerkt. Jetzt war auch Charlotte Probst auf sie aufmerksam geworden. Cool bleiben, dachte ich. Aber sie blieb nicht cool. Mit Hilfe suchendem Blick drehte sie sich zu mir um. Mist, schoss es mir durch den Kopf. Ich starrte angestrengt auf den gelblichen Fleck vor mir auf dem Boden und hoffte, dass die Frau nichts mitbekommen hatte. Als ich wieder hochschaute, ging sie mit derselben entschlossenen Körperhaltung weiter auf unsere Auftraggeberin zu. Fünf Meter. Drei Meter. Ich ging unauffällig näher ran, indem ich so tat, als würde ich die Weltzeituhr fotografieren. Jetzt war die Frau an der Säule angekommen. Doch von der Antiquitätenhändlerin nahm sie überhaupt keine Notiz. Sie stellte sich neben sie unter die Uhr, kramte in ihrer Tasche herum – und wartete. Noch eine Frau auf Einkaufstour, dachte ich. Und tatsächlich. Einige Minuten später erschien eine Blondine auf der Bildfläche. Die beiden begrüßten sich überschwänglich, dann hakte sich die Blonde bei der Rothaarigen unter, und die beiden machten sich auf ins Konsumgetümmel. Auch danach gesellten sich immer wieder Leute zu Charlotte Probst, doch sie alle warteten nur auf jemanden, mit dem sie offenbar verabredet waren. Keiner von ihnen sprach unsere Klientin an, keiner benahm sich verdächtig.

Nach einer Stunde brachen wir ab. Gemeinsam machten wir uns auf den Rückweg ins Ladengeschäft. Unsere Klientin schien erleichtert zu sein, dass ihr die Konfrontation mit der Unbekannten erspart geblieben und die

Gefahr erst mal vorüber war. Ich jedoch war frustriert. Aus irgendeinem Grund hatte die Anruferin es sich anders überlegt, und jetzt waren wir genauso schlau wie vorher. Ich fragte mich, was die Frau dazu veranlasst hatte, die Übergabe platzen zu lassen. Hatte sie uns bemerkt?

Als wir den Laden betraten, blinkte der Anrufbeantworter. Charlotte Probst blickte mich fragend an. Ich nickte ihr zu, und sie ließ das Band laufen. Es war die anonyme Anruferin. Der Stimme nach schätzte ich sie auf höchstens vierzig. Sie klang außerdem überraschend weiblich. Ich hatte irgendwie mit einer tiefen, eher maskulinen Stimme gerechnet. Die Nachricht war kurz: Am Alexanderplatz waren ihr zu viele Leute gewesen, darum hatte sie sich für einen anderen Treffpunkt entschieden. »Kommen Sie am Samstag um ein Uhr zum S-Bahnhof Friedrichshagen.« Wir würden also eine zweite Chance bekommen.

Am Samstagmorgen bereitete ich die Geldtasche und das Mikrofon von Charlotte Probst vor, dann fuhren Julia, Bernd und ich zu Treffpunkt Nummer zwei. Der Bahnhof Friedrichshagen liegt am östlichen Rand Berlins, nur wenige Haltestellen vorm Ende der Linie. Als er Mitte des 19. Jahrhunderts eröffnet wurde, war Friedrichshagen noch ein beschaulicher Villenvorort. Gegen Ende des Jahrhunderts ließen sich dann zahlreiche Dichter in dem Stadtteil nieder. Heute ist Friedrichshagen eine Art Künstlerdorf. Obwohl es weit draußen liegt, haben sich dort zahlreiche Galerien und Ateliers angesiedelt. Vom Bahnhof führt die Bölschestraße, eine Einkaufs- und Bummelmeile, zum südlich gelegenen Müggelsee. Berlins größter See wird im Sommer von Badegästen, Radfahrern, Seglern und sonstigen Wassersportlern bevölkert. Im Winter verirren sich allerdings nur wenige Menschen hierher – Spaziergänger, die um den See stapfen, und, wenn es kalt genug ist, Schlittschuhläufer. In diesem Dezember hatten allerdings noch nicht lange genug Minusgrade geherrscht, und die Berliner Seen waren noch nicht zugefroren.

Als wir eine Stunde vor der verabredeten Übergabezeit ausstiegen, war auf dem Bahnsteig nichts los. Ein junges Mädchen mit blondierten Haaren, zu dünner Jacke und zu kurzem Rock wartete auf die Bahn in die Stadt, ein älterer Mann mit Spazierstock wollte offensichtlich in die entgegengesetzte Richtung. Nachdem ihr der Alexanderplatz zu belebt gewesen war, hatte die Anruferin den Bahnhof Friedrichshagen vermutlich gerade wegen seiner Abgeschiedenheit ausgesucht. Uns konnte das nur recht sein – hier würde es uns leicht fallen, den Überblick zu behalten und die Täterin nach der Übergabe sofort zu fassen.

Was die Verkleidung betraf, hatte ich diesmal eindeutig den Schwarzen Peter gezogen. Julia und Bernd waren wieder in die bewährte Pärchenrolle geschlüpft, nur dass sie diesmal andere Jacken und Schals trugen. Ich aber musste mir etwas Neues einfallen lassen – als amerikanischer Tourist wäre ich an diesem leeren Bahnhof ebenso aufgefallen wie Sherlock Holmes in der Disko. Da hätte ich mir auch gleich einen Zettel mit der Aufschrift »Achtung: Sie werden observiert!« auf die Stirn kleben können. Also hatte ich mich, notgedrungen, für eine Verkleidung als Penner entschieden: abgewetzte Jeans, löchrige Wollmütze, ein alter Mantel meines Vaters und Fingerhandschuhe. An den Füßen trug ich meine ältesten Stiefel, in der Hand eine mit Wasser gefüllte Schnapsflasche. Die Rasur hatte ich heute ausfallen lassen. Als Julia und Bernd mich in dem Aufzug sahen, konnten sie sich vor Lachen kaum halten. Auf der Fahrt hatte ich mir einen Spruch nach dem anderen über meinen ungewöhnlichen Modestil anhören müssen.

Während ich mich auf die dem Ausgang am nächsten gelegene Bank setzte und die Schnapsflasche neben mir drapierte, postierten sich die Kollegen einige Meter weiter an einer Säule, und Bernd holte erst mal seine berühmten Käsebrötchen aus der Tasche. Stadteinwärts in Fahrtrichtung vorn auf dem Bahnsteig, hatte die genaue Beschreibung des Treffpunkts gelautet. Das konnte natürlich ein Trick sein – genaugenommen sagte es nichts darüber aus, von wo aus die Erpresserin sich nähern würde. Sie konnte genauso aus dem hinteren Zugteil der stadtauswärts fahrenden Bahn steigen. Oder den Bahnsteig durch einen der beiden Aufgänge zu Fuß betreten. Immerhin, es gab nur vier Möglichkeiten. Ich war sicher, dass wir die Frau problemlos zu fassen bekommen würden.

Doch der Bahnhof blieb nicht leer. Als der nächste Zug aus dem Zentrum eintraf, stiegen ein paar junge Männer aus. In den Händen hielten sie Bierflaschen, um den Hals trugen sie rot-weiße Schals. Ich schlug mir vor die Stirn. Wir hatten verpennt, dass Union Berlin ausgerechnet an diesem Tag ein Heimspiel in der Alten Försterei hatte. Und Friedrichshagen war die nächstgelegene S-Bahnstation. Ich runzelte die Stirn. Um halb zwei war normalerweise Anpfiff, das bedeutete, um spätestens Viertel vor eins würde hier die Hölle los sein. Julia und Bernd sahen besorgt zu mir herüber, ich zuckte nur die Schultern. Uns blieb nichts anderes übrig, als das Ganze trotzdem durchzuziehen und so wachsam wie möglich zu sein.

Die Bahnen wurden immer voller. Grölende Fans strömten aus den Zügen, allein oder in Gruppen, junge Männer mit Vokuhilas, mittelalte Männer mit Schnurrbärten, nüchterne, alkoholisierte und betrunkene, dazwischen ab und zu ein paar Frauen. Die Fans waren nicht nur laut, sie behinderten vor allem die Sicht. Mit einem der Züge wurde Charlotte Probst auf den Bahnsteig gespült. Sie nahm hektisch ihren Platz an dem Müllkorb zwischen mir und den Kollegen ein. Wir wechselten einen kurzen Blick, dann scannte ich wieder die Menschenmenge, die sich Richtung Ausgang bewegte.

Es war inzwischen kurz nach eins. In den nächsten Minuten musste die Erpresserin eintreffen. Es sei denn, sie hatte es sich noch mal anders überlegt. Der Zug, der jetzt aus Richtung Stadt einfuhr, war noch voller als der vorherige. Die Menschen in den Abteilen standen so gedrängt, dass die Waggons aus den Nähten zu platzen schienen. Als der Zug hielt, quoll die grölende Menge auf den Bahnsteig und verwandelte ihn in ein Meer aus rot-weißen Schals, Mützen und Fahnen. »Eisern Union! Immer wieder Eisern Union! Eisern Union!«, brüllte es über den Bahnsteig. Ich blickte zu Charlotte Probst, aber die Sicht war versperrt. Auch zu Julia und Bernd hatte ich keinen Blickkontakt. Hektisch versuchte ich, mich gegen den Strom zu unserer Auftraggeberin durchzuschlagen. Jetzt sah ich sie wieder. Und ich sah eine dunkel gekleidete Frau, dick vermummt mit Schal und

Mütze, die gerade nach der Tasche griff. Charlotte Probst blickte sich hilflos um, ließ es aber geschehen. Die Frau drängte währenddessen mit der Tasche zurück zur S-Bahn. Da begriff ich: Sie wollte noch mit derselben Bahn, mit der sie gekommen war, flüchten. Ich reagierte sofort: Ich rempelte, fuhr die Ellenbogen aus, setzte mein ganzes Körpergewicht ein, um rechtzeitig die Bahn zu erreichen. Jetzt stieg die Erpresserin ein. Auch ich war fast da, doch bevor ich den Fuß ins Wageninnere setzen konnte, schlossen sich die Türen.

Es war zum Haareraufen. Die Unbekannte war entkommen. Mit der Tasche. Wir bestürmten Charlotte Probst mit Fragen. Wer war die Erpresserin? Hatte sie sie erkannt? Doch auch die Restaurateurin hatte das Gesicht der Unbekannten nur für einen kurzen Moment gesehen, außerdem hatte die Frau sich die Mütze tief in die Stirn und den Schal bis übers Kinn gezogen, sodass ihr Gesicht kaum zu sehen gewesen war.

Julia, Bernd und ich redeten auf sie ein, doch ohne Erfolg. Wir beschlossen, erst mal zurück in die Stadt zu fahren. Nachdem wir ein paar Minuten in der S-Bahn gesessen hatten, packte Charlotte Probst mich plötzlich am Arm und sah mir in die Augen. Ich glaube, es war das erste und einzige Mal während unserer Zusammenarbeit, dass sie mich so direkt ansah.

»Ich weiß, wer die Frau ist«, flüsterte sie.

»Wer?«, fragte ich ungeduldig, »jetzt sagen Sie es doch!«

»Eine Kundin. Sie war schon mehrmals bei mir. Sie … sie interessiert sich für Puppen.«

Und dann fiel ihr die ganze Geschichte wieder ein. Vor ein paar Wochen hatte die Restaurateurin eine besonders schöne und seltene Porzellanpuppe hereinbekommen, die noch fast unbeschädigt war. Die Kundin hatte sie im Laden entdeckt und unbedingt haben wollen. Weil sie jedoch nicht genug Geld dabeihatte, wollte sie am nächsten Tag wiederkommen. Charlotte Probst hatte versprochen, ihr die Puppe bis dahin zurückzulegen. Doch am nächsten Tag war die Kundin nicht aufgetaucht, und nachdem über eine Woche herum war, hatte die Restaurateurin die Puppe an eine andere Puppenliebhaberin verkauft. Als die Kundin schließlich Tage später doch noch im Laden aufgetaucht war und erfahren hatte, dass die Puppe nicht mehr da war, hatte sie den Laden sofort wieder verlassen und war danach auch nicht mehr dort aufgetaucht.

Das war also das Motiv, das so lange im Dunkeln gelegen hatte: Rache. Unsere Klientin hatte etwas getan, was die Anruferin vermutlich als himmelschreiende Ungerechtigkeit empfunden hatte, vielleicht sogar als persönliche Zurückweisung. Für Charlotte Probst war es keine große Sache gewesen. Sie hatte die Situation schnell wieder vergessen. Nicht jedoch die Kundin. Sie hatte zum Telefonhörer bzw. zum Kugelschreiber gegriffen und Charlotte Probst das Leben zur Hölle gemacht. Und all das wegen einer Puppe. Ich fragte mich, wie man etwas so fanatisch sammeln konnte, dass man dafür bereit war, einem anderen Menschen anzudrohen, ihn zu töten.

Wir mussten versuchen, die Frau zu stellen und ihr das Geld abzunehmen. Da Charlotte Probst schon öfter Gegenstände für die Kundin zurückgelegt hatte, wusste sie zum Glück ihren Namen, und beim Einwohnermeldeamt bekamen wir Montagmorgen die Anschrift heraus.

Anschließend fuhr ich zu der Adresse, mit Julia auf dem Beifahrersitz – und einer zierlichen dunkelhaarigen Dame im rosa Kleid auf der Rückbank. Wir hatten im Vorfeld hin und her überlegt. Wir würden ein Lockmittel brauchen, damit die Erpresserin uns nicht gleich an der Gegensprechanlage abwies oder uns die Tür vor der Nase zuschlug. Es war schließlich Charlotte Probst gewesen, die vorschlug, wir sollten uns doch einfach als Antiquitätenhändler ausgeben. Sie hatte vor Kurzem eine seltene Puppe aus den Zwanzigerjahren hereinbekommen, die der Kundin vermutlich gefallen würde. Mir behagte das nicht so ganz, schließlich war eine Puppe der Auslöser für diesen ganzen Wahnsinn gewesen. Aber Julia meinte, es hatte mit einer Puppe begonnen, warum sollte es nicht auch mit einer Puppe enden?

Nachdem wir in einer ruhigen Wohngegend vor einem fünfgeschossigen Altberliner Bürgerhaus geparkt hatten, nahm Julia den Karton mit der Puppe unter den Arm, und wir stiegen aus. Ich hoffte, unser Plan würde funktionieren, denn normalerweise gingen Antiquitätenhändler nicht mit ihrer Ware hausieren. In meiner Jackentasche befand sich die UV-Lampe. Vielleicht würden wir sogar noch Spuren an den Händen der Erpresserin entdecken. Schließlich waren seit der Übergabe bereits zwei Tage vergangen. Es war denkbar, dass die Erpresserin sich die Hände inzwischen so gründlich gewaschen hatte, dass das Pulver nicht mehr nachweisbar war. Für diesen Fall hatten Julia und ich uns einen Plan B überlegt: Julia würde die Frau in ein Gespräch verwickeln und ich mich unter einem Vorwand ins Bad begeben – an Tür, Klinke oder Kacheln würden sich sicher noch Spuren finden lassen.

Während ich auf den Klingelknopf drückte, kam mir noch ein anderer Gedanke: Was, wenn die Frau das Geld noch gar nicht angefasst hatte? Wenn sie nur einen kurzen Blick in die Tasche geworfen und sie dann erst mal versteckt hatte? Doch bevor ich weiter überlegen konnte, sprang die Gegensprechanlage an, und eine Frauenstimme meldete sich: »Ja bitte?«

»Guten Tag«, sagte ich schnell, »mein Name ist Schubert, ich bin Antiquitätenhändler. Meine Kollegin und ich würden Ihnen gern etwas sehr Schönes anbieten – dürfen wir kurz zu Ihnen heraufkommen?« Keine Antwort. War ich nicht überzeugend gewesen? Hatte sie Verdacht geschöpft? Julia und ich sahen uns fragend an. Ich wollte die Klingel erneut drücken, da ging der Türsummer, und wir betraten das Haus.

Als sie die Wohnungstür öffnete, war ich überrascht. Die Frau, die vor mir stand, war bestimmt schon Ende vierzig. Ihre Stimme hatte auf dem Anrufbeantworter viel jünger geklungen. Genau wie Charlotte Probst hatte sie rotbraunes Haar, doch das war auch die einzige Gemeinsamkeit zwischen Opfer und Täterin. Im Gegensatz zu meiner eleganten Klientin war die Erpresserin völlig unscheinbar. Das stumpfe Haar ging ihr bis knapp über die Ohren. Ihre Haut wirkte zerknittert, wie ein zerknülltes Taschentuch, das jemand versucht hatte, wieder glattzustreichen, und auf ihrer Stirn zeichneten sich tiefe Furchen ab. Sie trug eine schlabberige Strickjacke und einen biederen Faltenrock. Sie machte auf mich den Eindruck einer verhärmten Frau, die viel Zeit allein in ihrer Wohnung verbrachte. Die nur vor die Tür ging, um Besorgungen zu machen oder wenn sie zum Arzt musste, und ansonsten ihre Zeit mit Fernsehen totschlug.

»Vielen Dank, dass Sie einen Moment Zeit für uns haben«, begann ich. »Meine Kollegin und ich haben Ihnen etwas wirklich Schönes mitgebracht, vielleicht können wir kurz reinkommen?«

Keine Antwort. Nur ein skeptischer Blick. Die Furche auf ihrer Stirn vertiefte sich.

Jetzt schaltete sich Julia ein.

»Wir haben gehört, Sie sammeln Porzellanpuppen«, sagte sie mit einem strahlenden Lächeln.

Die Frau nickte vorsichtig.

»Wir haben Ihnen ein sehr seltenes Stück mitgebracht, eine original Kämmer & Reinhardt Charakterpuppe.«

Die Stirnfalten der Frau glätteten sich etwas, ihre Augen blickten plötzlich hellwach auf Julia. Sie hörte jetzt aufmerksam zu.

»Mit Echthaarperücke und Schelmenaugen«, fuhr Julia fort. »Wahrscheinlich wurde sie um 1920 gefertigt. Vielleicht dürfen wir kurz hereinkommen und sie Ihnen zeigen?« Mit der freien Hand deutete Julia auf den Karton in ihrer Hand.

Die Frau vergaß all ihre Vorsicht. Sie nickte Julia eifrig zu und ließ uns eintreten. Im schummrigen Licht des Flurs entdeckte ich vielleicht acht oder neun Puppen. Sie saßen auf der Hutablage, auf dem Telefontischchen und auf der Kommode, an der die Frau lehnte. Während Julia fröhlich weiterplauderte, nahm die Frau eine der Puppen von der Kommode und strich ihr nervös übers Haar. Abgesehen von den Puppen, die miteinander um die Wette glänzten, war die Wohnung staubig und unordentlich, und überall standen Tüten und Kartons herum. Ich fühlte mich wie bei einer dieser alten Omas, die auf engem Raum mit ihren zehn Katzen zusammenleben, den Schmutz und Gestank aber längst nicht mehr bemerken. Die ihre Kätzchen hegen und pflegen, aber sonst keine sozialen Kontakte haben. Und in dem Moment wurde mir klar, dass die Frau unsere Klientin vielleicht gar nicht deshalb terrorisiert hatte, weil ihr ein wertvolles oder seltenes Stück entgangen war, sondern weil die Puppen für sie viel mehr waren als nur leblose Porzellanfiguren. Ich konnte mir richtig vorstellen, wie sie sie jeden Abend hochnahm und ihnen sorgfältig die Haare bürstete, ihnen erzählte, was sie beim Einkaufen erlebt hatte und was sie am nächsten Tag kochen würde.

Als die Frau nach der Puppe griff, die Julia ihr reichte, packte ich die Gelegenheit beim Schopf. Ich zog die UV-Lampe hervor und richtete ihren Strahl auf die Hände der Erpresserin. Im Schein der Lampe sah man feine rote Pünktchen an ihren Fingern. Entgeistert starrte sie uns an.

»Sie waren am Samstag in Friedrichshagen«, sagte ich. »Es hat keinen Sinn, das zu leugnen.«

Ihr Gesicht verhärtete sich.

»Wir haben das Geld mit einem roten Pulver präpariert. Die Spuren an Ihren Händen beweisen, dass Sie das Geld angefasst haben. Außerdem wurden Sie wiedererkannt.«

Die Frau sagte nichts. Sie setzte sich auf den einzigen Stuhl im Flur und starrte einige Minuten ins Leere. Dann gab sie alles zu: die Briefe, die Anrufe, die Erpressung. Während sie sprach, hatte ich das Gefühl, sie war vor allem erleichtert, dass es jetzt heraus war. Sie musste die ganze Zeit unter einer enormen Anspannung gestanden haben. Schließlich war sie keine berufsmäßige Kriminelle. Sie hatte so etwas vermutlich noch nie zuvor getan.

Ich stellte mir vor, dass es wie eine Art Zwangshandlung gewesen war. Auch jetzt, während sie scheinbar ruhig und gefasst wirkte, merkte ich: Das Gefühl, eine himmelschreiende Ungerechtigkeit erlitten zu haben, war immer noch da.

Nachdem sie zu Ende erzählt hatte, fragte ich sie nach dem Geld. Zuerst wollte sie nicht mit der Sprache herausrücken, doch dann gab sie zu, dass es sich noch in der Wohnung befand. Wir stellten sie vor die Wahl: Entweder, sie händigte uns das Geld hier und jetzt aus, oder wir würden die Polizei verständigen. Ich sah einen Anflug von Wut in ihren Augen aufblitzen, doch ihr blieb nichts anderes übrig, wenn sie nicht im Gefängnis landen wollte. Widerwillig machte sie sich an der Kommode im Flur zu schaffen und holte die Tasche hervor. Das Geld lag noch genauso darin, wie wir es verpackt hatten. Sie hatte es offenbar nur kurz berührt, vielleicht um sicherzugehen, dass es echt war, und die Tasche dann versteckt. Ich nahm sie, zählte die Geldbündel durch, und dann verließen Julia und ich die Wohnung.

Nachdem wir Charlotte Probst das Geld übergeben hatten, riet ich ihr, trotzdem zur Polizei zu gehen und Anzeige zu erstatten. Sie war bedroht und erpresst worden, man hatte sie auf eine perfide Weise gequält. Es war ihr gutes Recht. Und vielleicht würde sie sich sicherer fühlen, wenn die Täterin rechtskräftig verurteilt würde. Doch sie wollte nichts davon wissen.

Im Nachhinein kann ich verstehen, warum meine Klientin auf eine Anzeige verzichtete. Sie wollte wieder in ihr altes Leben zurückfinden und das, was passiert war, so schnell wie möglich vergessen. An Rache lag ihr nichts. Vielleicht schämte sie sich insgeheim auch für ihre Angst und ihre Hilflosigkeit – und dafür, dass ein Fremder sie in einer solchen Notsituation erlebt hatte. Außerdem war ihr und uns die Täterin namentlich und mit Adresse bekannt. Die Wahrscheinlichkeit, dass sie Charlotte Probst noch mal belästigen oder bedrohen würde, war nicht sehr groß. Nachdem der Fall abgeschlossen war, habe ich jedenfalls nie wieder etwas von einer der beiden Frauen gehört. Ich habe das immer für ein gutes Zeichen gehalten.

VERKAUFT

Es fing an mit einem Freundschaftsdienst. Einmal die Woche spiele ich abends mit ein paar Kumpels Fußball, schon seit Jahren. Meine Rolle ist die des Ausputzers. Ich bin nicht gerade mit einer filigranen Technik gesegnet, aber wenn es darum geht, unser Tor zu verteidigen, gebe ich alles – sprinten, grätschen, in den Torschuss werfen. Was genauso zählt wie der Sport, ist das Bier danach. Nachdem wir geduscht haben, sitzen wir immer noch gemütlich in einer Kneipe um die Ecke zusammen und quatschen. Der Lauteste auf dem Platz ist Rudolf, ein richtiger Hitzkopf, der sich schnell mal über einen schlechten Pass aufregt und seine Mitspieler gern mit einem kampflustigen »Los jetzt, hau ihn rein!« oder auch »Los jetzt, hau ihn um!« antreibt.

Als wir eines Abends vor ein paar Jahren nach dem Fußball noch zusammensaßen, war Rudolf ungewöhnlich still. Auch außerhalb des Platzes ist Rudolf normalerweise einer, der für Stimmung sorgt, der gern mal einen Schwank aus seinem Leben oder einen Witz zum

Besten gibt oder mit der Kellnerin anbändelt. An dem Abend beteiligte er sich jedoch kaum an der Unterhaltung, sondern saß zusammengesunken in seinem Stuhl und stierte in sein Glas. Ich fragte, was los war, aber anfangs war nichts aus ihm herauszubekommen, er murmelte nur immer wieder: »Ach, alles Mist.« Als wir beim vierten Bier angelangt und die anderen bereits gegangen waren, rückte er endlich mit der Sprache heraus. Wie sich herausstellte, hatte er Probleme mit seiner Firma, einem Krankentransportunternehmen in Leipzig. Rudolf hatte vor einer Weile schon mal angedeutet, dass die Geschäfte nicht gut liefen. Im letzten Monat waren die Einnahmen noch mal deutlich hinter denen des Vormonats zurückgeblieben, erzählte er jetzt, ganz zu schweigen vom Vorjahr. Wenn es so weiterging, würde die Firma in die Miesen rutschen und Rudolf Leute entlassen müssen. Es war schon so weit, dass die Firma Probleme hatte, die Rechnungen zu bezahlen. Herausgekommen war das Ganze, weil ein Bekannter von Rudolf, der in Leipzig eine Autowerkstatt betrieb und regelmäßig die Transporter durchcheckte, sich bei Rudolf beschwert hatte, dass die letzten drei Rechnungen immer noch nicht bezahlt waren.

»Irgendetwas stimmt da nicht«, meinte Rudolf schließlich. »Es ist ja nicht so, dass wir zu wenige Aufträge hätten. Trotzdem kommt nicht genug Geld rein. Ich weiß langsam nicht mehr, was ich machen soll.« Ich überlegte. Wenn man selbst so nah dran ist, wird man schnell betriebsblind. Ein Außenstehender konnte vielleicht leichter irgendwelche Unregelmäßigkeiten entdecken, die Rudolf übersehen hatte. »Wie wär's, wenn du mir die Buchhaltungsunterlagen der letzten Monate vorbeibringst und ich mir das mal anschaue?«, schlug ich vor. Erst zögerte er, dann aber nahm er das Angebot dankbar an, und wir verabredeten, dass er mir die Unterlagen in den nächsten Tagen vorbeibringen würde. Es war nicht der erste Fall, in dem ich im Gesundheitswesen ermittelte. Ein paar Jahre zuvor hatte ich es mit Falschabrechnungen durch Ärzte zu tun gehabt, ein andermal mit einem Schönheitschirurgen, der eigentlich nicht hätte praktizieren dürfen, und später – ein Fall, der mich sehr erschüttert hat – mit einem Dienstleister für onkologische Krankenpflege, der, um Geld zu sparen, Personal auf die zu betreuenden Krebskranken losgelassen hatte, das medizinisch nicht fachgerecht ausgebildet war. Bei Rudolf lag die Sache allerdings anders. Diesmal ging es nicht um einen Schaden, der bei den Patienten oder Krankenkassen entstanden war, sondern innerhalb des Unternehmens.

Ein paar Tage nach dem Fußballabend kam Rudolf mit mehreren Kartons voller Ordner und einer losen Blattsammlung vorbei. Ich hatte zwar gesagt, dass »ich« mir Rudolfs Unterlagen anschauen würde, hatte aber eigentlich meine Frau gemeint. Marlen ist der ruhige Pol der Detektei, die Basisstation. Wenn ich unterwegs bin und dringend eine Information brauche, rufe ich sie an, und – zack – ein paar Minuten später hat sie alles recherchiert. Sie ist es auch, die mich auf den Boden der Tatsachen zurückholt, wenn ich mich bei einem Fall verrannt habe. Sie ist besonnener und viel akribischer als ich, sieht die Dinge nüchterner und mit der richtigen Distanz. Außerdem kümmert sie sich schon seit Jahren um die Büroarbeit, insbesondere die Buchhaltung, wofür ich ihr unendlich dankbar bin. Hinterm Schreibtisch zu hocken und mich mit Papierkram und dem Rechnungswesen zu beschäftigen, ist für mich der reinste Albtraum.

Nachdem wir uns gemeinsam einen ersten Überblick verschafft hatten und Rudolf uns grob erklärt hatte, wie die Firma funktionierte, begann Marlen, sich Stück für Stück durch die Buchhaltung von Rudolfs Firma zu arbeiten. Das Unternehmen war ein Dienstleister für Krankentransporte. Bei schweren Unfällen ist der Rettungsdienst der Feuerwehr zuständig, doch in allen anderen Fällen kommen private Krankentransportunternehmen zum Einsatz. Rudolfs Firma fuhr Patienten, die während der Fahrt medizinische Betreuung benötigten, nach einer ambulanten OP noch am Tropf hingen, unter Medikamenten standen oder nur im Liegen transportiert werden konnten. Seine Kunden waren in erster Linie Arztpraxen, Operations-Zentren, Krankenhäuser. Die Wagen mussten natürlich über eine gewisse medizinische Grundausstattung verfügen, außerdem benötigte man medizinisch geschultes Personal. Rudolf selbst hatte Krankenpfleger gelernt und zu DDR-Zeiten erst im Krankenhaus und anschließend zehn Jahre im Notfalldienst gearbeitet. In dieser Zeit hatte er viele Kontakte geknüpft, weil jeder Arzt während seiner Ausbildung auch beim Rettungsdienst Station machen musste. So gut vernetzt, wie Rudolf war, konnte es eigentlich nicht an Aufträgen und damit auch an Einnahmen mangeln. Trotzdem stand die Firma kurz vor dem Kollaps.

Als wir am Abend zusammensaßen, schimpfte Marlen über die schlampige Buchführung. Sie hatte versucht, sich einen Überblick zu verschaffen, aber Rudolfs Unterlagen waren extrem schlecht sortiert, wichtige Belege fehlten, Daten gingen durcheinander, Formulare waren zum Teil schlecht lesbar oder unvollständig ausgefüllt – ein einziges großes Durcheinander. Umso froher war ich, dass nicht ich mich durch die Papierberge wühlen musste.

Zwei Tage später saßen Rudolf und ich erwartungsvoll auf unserer Terrasse. Meine Frau hatte etwas entdeckt, mir aber noch nicht verraten wollen, was. »Lass dich überraschen«, hatte sie nur gemeint und dabei gelächelt. Es war warm und windstill an dem Abend, wir hatten es uns in den Gartenstühlen gemütlich gemacht, vor uns auf dem Tisch zwei volle Biergläser. Nur Marlen fehlte. Nach einigen Minuten trat sie mit einem Stapel Papieren in der Hand durch den Vorhang und setzte sich mit triumphierendem Blick an den Tisch.

»Lieber Rudolf«, fing sie an, »um es kurz zu machen: Irgendjemand in deiner Firma betrügt dich.«

Rudolf schaute sie entgeistert an.

»Ich bin zwar längst noch nicht mit allem durch, aber ich bin mir sicher, dass mit den Geldern etwas nicht stimmt. Du hast mir ja erklärt, wie das mit der Bezahlung der Fahrten funktioniert«, sagte sie an Rudolf gewandt.

Jetzt war ich es, der etwas doof aus der Wäsche guckte.

»Also, es ist so«, erklärte sie mir, »den Großteil der Kosten für die Fahrten übernehmen die Krankenkassen. Aber auch die Patienten müssen einen Eigenanteil zahlen. Das sind immerhin fünf Euro pro Fahrt. Das Geld kassieren die Fahrer normalerweise direkt nach der Fahrt. Dafür stellen sie den Patienten eine Quittung aus. Oder sie geben ihnen ein Überweisungsformular mit und reichen den Durchschlag ein. Außerdem füllen die Fahrer für jede Fahrt ein Formular für die Krankenkasse aus, richtig?«

Rudolf nickte.

»Ich bin das mal für die letzten drei Monate durchgegangen: Die eingegangenen Eigenanteile stimmen nicht mit der Anzahl der Fahrten überein.«

Rudolf sah sie mit großen Augen an.

»Du hast viel mehr Fahrten von den Kassen bezahlt bekommen, als Eigenanteile kassiert. Für die letzten drei Monate fehlen dir insgesamt rund neunzig Patientenanteile. Ich tippe, einige deiner Fahrer stecken das Geld in die eigene Tasche.«

»Diese Dreckskerle«, rief Rudolf, der aufgesprungen war und jetzt auf der Veranda auf und ab ging. »Wenn ich die zu fassen kriege! Das müssen wir unbedingt Walter erzählen!«

»Wer ist Walter?«, fragte Marlen.

Walter Krüger, erzählte Rudolf, leitete die Firma für ihn und verteilte als einer von zwei Disponenten die Aufträge an die Fahrer. Er war nicht nur Rudolfs wichtigster Mitarbeiter, sondern auch einer seiner besten Freunde. Die beiden kannten sich seit vielen Jahren, hatten zu DDR-Zeiten zusammen im Rettungsdienst gearbeitet. Rudolf schien sich höchst unwohl damit zu fühlen, seinen Freund nicht einweihen zu dürfen oder gar belügen zu müssen. Außerdem glaubte er, dass Walter Krüger vielleicht etwas beobachtet hatte, was uns weiterhelfen konnte. Ich war dennoch dagegen. So vertrauenswürdig Krüger auch sein mochte, wenn wir ihn einweihten, riskierten wir, dass er sich verplapperte oder die Mitarbeiter durch Fragen oder Blicke misstrauisch machte.

Rudolf versprach mir schließlich widerwillig, Walter Krüger nichts zu erzählen.

»Die fehlenden Patientenanteile erklären den Umsatzrückgang aber nur teilweise, oder?«, wandte ich mich wieder an Marlen. »Rudolfs Einbußen sind doch viel höher als die fehlenden Eigenanteile.«

Meine Frau nickte. Es musste also noch mehr dahinterstecken.

»Hast du irgendwen im Verdacht?«, fragte ich Rudolf. »Einen Mitarbeiter, der sich öfter mal über sein Gehalt oder seine Arbeitszeiten beschwert hat? Einen, mit dem du schon mal aneinandergeraten bist? Oder weißt du, ob einer deiner Angestellten in finanziellen Schwierigkeiten steckt?«

Rudolf überlegte eine Weile, dann nickte er grimmig. Wie sich herausstellte, hatte er zwei seiner Fahrer im Verdacht. Der eine, Henning Westermann, lieferte die mit Abstand schlampigste Arbeit ab. Reichte die Transportformulare zu spät ein, zerknickt, verschmiert, in unleserlicher Schrift und oft nur unvollständig ausgefüllt. Die Buchhalterin hatte sich schon mehrmals über ihn beklagt, weil er ihre Ermahnungen immer nur mit einem Achselzucken oder Grinsen abtat und sich kein Stück besserte.

»Würde mich nicht wundern, wenn der auch mal vergisst, den einen oder anderen Geldschein abzugeben und stattdessen in die eigene Tasche steckt«, brummte Rudolf. »Ob er Geldprobleme hat, weiß ich aber nicht.«

»Und der zweite?«

»Berno Moers. Den hab ich schon länger auf dem Kieker.« Rudolf erzählte, dass einige Patienten sich über Moers und seine ruppige, unfreundliche Art beschwert hatten. Vor ein paar Wochen waren Moers und Rudolf dann aneinandergeraten, weil Moers mehr Lohn gefordert und gedroht hatte, zur Konkurrenz zu gehen. Als Rudolf nicht nachgab, war Moers ausfallend geworden und hatte herumgebrüllt. Rudolf hatte ihn anschließend abgemahnt. Am Ende hatte Moers eingelenkt und war geblieben. Wir beschlossen, dass ich mir die beiden Fahrer vorknöpfen würde, während meine Frau mit den Akten weitermachte.

Am nächsten Tag fuhr ich nach Leipzig, in gebügeltem Hemd, Jackett und zu engen Lederschuhen. Rudolf hatte früh am Morgen im Büro angerufen und den Kollegen mitgeteilt, dass ein guter Bekannter von ihm vorbeikommen würde, um sich die Wagen anzuschauen, ein Geschäftsmann, der in Berlin selbst einen Krankentransportdienst aufziehen wolle und unsicher bei der Fahrzeugwahl sei. Auf mein Klingeln öffnete ein bärtiger Mann, der nur ein paar Jahre älter als ich zu sein schien. »Krüger«, stellte er sich lächelnd vor, »kommen Sie ruhig rein, der Rudolf hat schon Bescheid gesagt, dass Sie heute vorbeikommen wollten.« Walter Krüger wirkte in der Tat offen und sympathisch. Er führte mich durch den Flur des kleinen Büros auf den im Hinterhof gelegenen Fuhrpark. Vier weiße Kleintransporter standen nebeneinander an der Längsseite des Hofs geparkt. »Also, das ist unsere Flotte«, erklärte Krüger fröhlich, »na ja, zumindest die Hälfte.« Ein unauffälliger Blick verriet mir, dass die Wagen, auf die ich es abgesehen hatte, auch darunter waren. Die Kennzeichen der beiden Fahrzeuge hatte Rudolf mir aufgeschrieben. Während wir an den Wagen entlangschlenderten und ich so tat, als ob ich sie mit fachmännischem Blick prüfte, wich Krüger keinen Schritt von meiner Seite.

»Wollen Sie auch mal in die Wagen reinschauen?«, fragte er, als wir beim letzten Wagen angelangt waren.

»Gern«, antwortete ich.

Krüger kramte einen Schlüssel aus der Innentasche seiner Jacke und schloss den Transportraum auf. Während er mir die Sortierung der Fächer, die Klappmechanismen und die übrige Innenausstattung erklärte, hörten wir plötzlich ein Telefon klingeln.

»Oh, ich muss wieder rein, könnte eine neue Bestellung sein«, meinte Krüger hastig und stieg aus dem Wagen. »Schauen Sie sich ruhig weiter um. Falls Sie 'ne Spritztour machen wollen, müssten Sie allerdings vorher Bescheid sagen«, rief er, schon im Gehen, »da muss ich erst schauen, welcher Wagen die nächste Stunde nicht gebraucht wird.«

Ich nickte und bedankte mich für seine Hilfe. Krüger verschwand im Büro, und ich hatte den Hof für mich. Weil ich nicht sicher war, ob man mich von den Büroräumen aus sehen konnte, blieb ich noch eine Weile im Transportraum und sah mir auch das Fahrerhäuschen an. Anschließend begutachtete ich die Hinterreifen und den Auspuff. Dann hockte ich mich hin, tat so, als ob ich die Stoßstange auf ihre Festigkeit prüfte, und befestigte einen kleinen GPS-Sender darunter. Beim zweiten Wagen tat ich so, als würde ich den Auspuff abklopfen. Als ich wieder stand, sah ich, dass sich rechts vom Eingang eine der Bürojalousien kurz bewegt hatte. Beobachtete Krüger mich etwa? Oder jemand anders? Um jeden Verdacht zu zerstreuen, schlenderte ich zu einem weiteren Wagen, betrachtete ihn einige Sekunden lang und betastete die Stoßstange.

Anschließend ging ich zurück ins Büro. Ich hörte Krügers Stimme aus einem kleinen Raum, der links vom Flur abging. Die Tür zu dem Zimmer auf der rechten Seite war angelehnt, aber dort war alles ruhig. Ich vermutete, dass hier die Sekretärin und Buchhalterin saß. Ich wartete, bis Krüger das Gespräch beendet hatte, dann ging ich hinein, um mich zu verabschieden.

»Vielen Dank, Herr Krüger, dass Sie mir alles gezeigt haben«, sagte ich. »Das sind wirklich ganz brauchbare Fahrzeuge, die Sie da haben, ich denk', die werde ich nehmen.«

»Ach, Sie wollen nicht noch eine Runde damit drehen?«, fragte er erstaunt.

»Äh nein, ich hab mir die Fahrerkabine und das Sonderzubehör ja genau angesehen«, antwortete ich und fuhr dann, damit auch die Person im Nebenraum mich hören konnte, extra laut fort: »Ich habe sogar unter die Wagen geschaut, um zu sehen, ob da alles gut sitzt. Sieht wirklich alles top aus.«

»Na ja, also dann alles Gute.« Krüger schien immer noch etwas argwöhnisch zu sein, weil ich so schnell wieder aufbrach.

Ich bedankte mich erneut, schüttelte ihm die Hand und verließ dann das Büro.

Als Erstes nahm ich mir Henning Westermann vor, der so schlampige Arbeit ablieferte. Rudolfs Fahrer, insgesamt sechzehn, arbeiteten in Zweierteams. Einer fuhr und brauchte daher einen Schein zur Personenbeförderung, der andere musste eine medizinische Ausbildung als Krankenpfleger, Rettungssanitäter oder Rettungsassistent haben und saß während der Fahrt hinten beim Patienten, um bei einem Notfall eingreifen zu können. Der Dienst von Westermann und seinem Partner begann um vier Uhr nachmittags. Nachdem ich meinen Wagen gegen den eines Leipziger Kollegen mit Ortskennzeichen ausgetauscht hatte, postierte ich mich um Viertel vor vier, endlich wieder in bequemen Turnschuhen, Basecap und Jeans, in der Nähe der Krankentransportfirma und wartete. Gegen zwanzig nach vier tat sich etwas auf dem Laptop, das ich neben mir auf dem Beifahrersitz aufgeklappt hatte. Ein Pfeil setzte sich in Bewegung, und kurz darauf fuhr Westermanns Wagen auf die Straße. Ich startete den Motor und folgte ihm. Durch den GPS-Sender konnte ich es mir erlauben, einen größeren Abstand zu lassen – ohne die Gefahr, das Zielfahrzeug zu verlieren. Die erste Fahrt führte in ein städtisches Krankenhaus, danach ging es mehrmals zu einem ambulanten OP-Zentrum für Orthopädie. Anschließend fuhren die beiden in ein weniger dicht besiedeltes Wohngebiet. Plötzlich kam der Pfeil auf einer unbebauten grünen Fläche zum Stehen, laut google maps ein Friedhof. Ich war kurz überrascht, nahm es dann aber gelassen hin. In meiner Anfangszeit der verdeckten GPS-Einsätze hatte ich einmal gesehen, wie der Pfeil von einer Brücke ins Wasser führte, und hatte voller Schreck angenommen, der Fahrer, den ich beschattete, hätte sich mit dem Wagen ins

Wasser gestürzt. Doch inzwischen wusste ich um die kleinen Aussetzer und Ungenauigkeiten des Systems. Als ich näher kam, sah ich, wie die beiden einen Patienten stützten und ihm in den Transporter halfen – der direkt neben der Friedhofsmauer parkte. Weitere Transportfahrten folgten, ohne dass etwas Besonderes passierte. Ich notierte jede Station der beiden und fuhr mitten in der Nacht, nach dem Ende der Schicht, ins Hotel.

Am nächsten Tag war Team zwei dran, Berno Moers und sein Partner. Während ich die beiden aus der Ferne beobachtete, fiel mir auf, dass es immer Moers war, der das Geld bei den Patienten kassierte. Bei den meisten Teams kümmerte sich derjenige, der hinten beim Patienten saß, um die Abwicklung der Formalien, hatte mir Rudolf erklärt. Hier hingegen war es Moers, der sich nach Beendigung der Fahrt aus seinem Fahrerhäuschen schwang, Klemmbrett und Stift unterm Arm, und damit in den Transportraum kletterte. Moers schien überhaupt den Ton anzugeben. Nach jedem erledigten Transport zündete er sich erst mal eine Zigarette an, lehnte sich lässig an die Seitenwand des Transporters und erzählte seinem Kollegen irgendwelche Geschichten, die er selbst urkomisch zu finden schien. Der Kollege quittierte Moers' Witze meistens nur mit einem höflichen Lächeln und hielt ansonsten den Mund. Moers' selbstgefällige Art war mir unsympathisch. Umso genauer hielt ich mithilfe des Diktiergeräts Ausgangs-, Zielpunkte und Uhrzeiten der Fahrten fest. Kurz vor Ende der Schicht sah ich, wie Moers einen älteren Patienten, der bereits ausgestiegen war, Formulare unterschreiben ließ und wie der Patient Moers Geld in die Hand drückte, das Moers wiederum in die Innentasche seiner Jacke gleiten ließ. War das wirklich der ordnungsgemäße Aufbewahrungsort für die Eigenanteile der Patienten? Ich fotografierte gerade noch, wie Moers die Hand wieder aus der Jacke nahm, dann sprach ich meine Beobachtungen mit Uhrzeit und Adresse auf Band.

Am nächsten Tag fuhr Rudolf selbst nach Leipzig, um die Abrechnung der von mir notierten Fahrten zu überprüfen. Zu meiner Überraschung war alles korrekt abgelaufen. Durchgeführte Fahrten und eingezahlte oder noch zu überweisende Eigenanteile stimmten überein. Eigentlich hatte ich erwartet, dass bei Moers etwas nicht stimmen würde. Rudolf und ich waren unschlüssig, wie wir weitermachen sollten. Natürlich konnte ich Moers und Westermann noch ein paar weitere Tage beobachten, aber das würde ins Geld gehen. Und wir waren uns nicht mal sicher, dass einer der beiden hinter den verschwundenen Geldern steckte. Ich konnte natürlich auch eins nach dem anderen alle Fahrerteams für einige Stunden überwachen. Aber auch das würde für Rudolf teuer werden. Und die Chance, dass wir einen der Fahrer bei einem derart kurzen Überwachungszeitraum auf frischer Tat ertappten, war eher gering.

Dafür hatte meine Frau Neuigkeiten. Sie hatte inzwischen die Unterlagen von diesem Jahr mit den entsprechenden Vormonaten des letzten Jahres verglichen und festgestellt, dass die fehlenden Eigenanteile das kleinere Problem waren. Der eigentliche Grund für den Umsatzschwund lag darin, dass die Aufträge erheblich zurückgegangen waren. Und zwar um bis zu vierzig Prozent. Ich rief Rudolf an, der genauso verblüfft reagierte wie ich. Er erklärte mir, dass es immer mal Schwankungen bei den Auftragszahlen gab, diese jedoch in der Regel saisonbedingt seien – im heißen Hochsommer zum Beispiel werde weniger operiert als im Herbst oder Frühjahr. Aber dass die Aufträge in allen Monaten, die Marlen verglichen hatte, so gleichmäßig und so stark zurückgegangen waren, konnte er sich nicht erklären. Nachdem wir ein paar Minuten hin und her gerätselt hatten, fiel ihm plötzlich etwas ein.

»Ich hab dir doch mal erzählt, dass ich noch eine zweite Firma in Leipzig habe, oder?«

Ich erinnerte mich dunkel. »Auch im medizinischen Bereich?«

»Ja, genau, ein Pflegedienst. Meine Mitarbeiter betreuen Patienten, die aus dem Krankenhaus entlassen worden sind, kaufen für sie ein, kochen für sie, übernehmen die medizinische Nachbehandlung, je nachdem, was verordnet ist.«

»Und?«, fragte ich.

»Also, bei den meisten Krankenhäusern und OP-Zentren machen wir beides, die Transporte und die Pflege. Du weißt ja, die Leute kennen mich von früher. Die wissen, dass sie bei mir 1a-Qualität bekommen. Meine Wagen haben nämlich die beste Ausstattung. Andere Firmen bieten ja nur den Standardkram, aber bei uns gibt's zusätzlich noch Defibrillatoren, Grundmedikamente, Intubationsbesteck …«

Ja, das wusste ich. Rudolf hatte seine Transportwagen schon oft genug angepriesen. Selbst bei unseren Fußball-Abenden konnte er es nicht lassen. Sobald das Gespräch auf seine Firma kam, wurde er plötzlich zum unterhaltsamen Teleshopping-Verkäufer, der lautstark und mit viel Tamtam seine Ware anpries.

»Komm zur Sache, Rudolf«, unterbrach ich schließlich seinen Monolog.

»Ja, also was ich sagen wollte: Für viele Kunden machen wir beides, die Fahrten und die Pflege. Das heißt, ich kann nachschauen, wie viele Nachsorgefälle der Pflegedienst in den letzten Monaten zugeteilt bekommen hat, und das mit der Anzahl der Fahrten abgleichen. Und wenn es mehr Nachsorgefälle als Fahrten sind, dann weiß ich, dass da was nicht stimmt.«

Ein paar Tage später rief mich Rudolf aufgeregt an. Er hatte sich die Unterlagen seines Pflegedienstes angesehen und festgestellt, dass die Zahl der Nachsorgefälle, anders als die Zahl der Fahrten, im Vergleich zum Vorjahr nicht zurückgegangen war. Und dass der Pflegedienst in den letzten Monaten deutlich mehr Patienten zugewiesen bekommen hatte als der Transportdienst. Irgendwie waren Rudolf Fahrten durch die Lappen gegangen. War zwischen seinen Kunden und den Fahrern etwas vorgefallen, das ihm alle Beteiligten verschwiegen hatten? Wir beschlossen, dass Rudolf seine Kunden direkt darauf ansprechen sollte. Also rief er bei einem der OP-Zentren an, mit dem er schon seit Jahren eng zusammenarbeitete, und fragte die Schwester, die für die Organisation der Transporte zuständig war, geradeheraus, ob sie in letzter Zeit Fahrten an andere Unternehmen vergeben hatte. Ob es vielleicht Schwierigkeiten mit einigen der Fahrer oder Beschwerden von Patienten gegeben habe. Die Schwester fiel aus allen Wolken. Sie versicherte Rudolf, dass sie mit den Transporten sehr zufrieden sei und nach wie vor alle Fahrten bei ihm buche. Allerdings bekam sie nicht mit, was unten auf dem Hof ablief und wer die Patienten dann tatsächlich abholte.

»Du weißt, was das zu bedeuten hat?«, fragte ich Rudolf, als wir die Sache am Telefon durchkauten. »Die klauen dir nicht nur die Eigenanteile, irgendeiner von denen klaut dir auch die Fahrten und verkauft sie vermutlich an die Konkurrenz.« Die Frage war nur, wer? Wir beschlossen, das Pferd von hinten aufzuzäumen. Wir konnten nicht alle Fahrer rund um die Uhr überwachen, aber wir konnten das OP-Zentrum im Auge behalten.

Am nächsten Morgen postierte ich mich in der Nähe der Klinik, mit zwei belegten Brötchen und einer Thermoskanne Kaffee auf dem Beifahrersitz meines Audi. Ich musste an meinen Kollegen Bernd denken, der meinen Proviantvorrat wahrscheinlich schon nach zwei Stunden aufgebraucht hätte. Wenn man zu zweit unterwegs ist, kann man sich zwischendurch schnell etwas zu essen oder zu trinken besorgen. Aber wenn man allein ist, kann man manchmal stundenlang nicht weg. Zu viel zu trinken ist daher auch problematisch. Gerade wenn man sich im Stadtgebiet befindet, kann man nicht mal eben ums Eck auf die Toilette gehen. Den Kaffee musste ich mir also gut einteilen. Rudolf und ich hatten abgemacht, dass ich über einen Zeitraum von sechzehn Stunden beobachten würde, damit ich alle Fahrerteams zu Gesicht bekam.

Zunächst passierte nicht viel. Ein- bis zweimal pro Stunde fuhr ein Transporter von Rudolf vor, und seine Mitarbeiter luden vorsichtig einen Patienten ein. Das OP-

Zentrum war auf Hüft- und Knieoperationen spezialisiert, und die Patienten mussten fast alle im Liegen transportiert werden. Ich notierte, wann welches von Rudolfs Teams einen Patienten aufnahm – eine Liste der Fahrer und der zugehörigen Fahrzeug-Kennzeichen hatte ich von Rudolf bekommen. Außerdem ließ ich mir vor jeder Fahrt von der OP-Schwester, die wir in unsere Aktion eingeweiht hatten, Namen und Adressen der Patienten durchgeben. Gegen zwölf erschien Moers' Transporter auf der Bildfläche. Moers hätte ich allerdings auch ohne das Kennzeichen an seinem breiten Grinsen erkannt. Er sprang schwungvoll aus der Fahrerkabine, schlenderte lässig um den Wagen und zündete sich in Ruhe eine Zigarette an, während sein Kollege und der Krankenhausmitarbeiter sich um den Patienten kümmerten. Dann fuhr der Transporter los. Etwas Ungewöhnliches hatte ich nicht bemerkt. Etwas später tauchte ein weiteres bekanntes Gesicht auf, Westermann. Aber auch bei ihm gab es keine Abweichungen vom Standardprozedere. Nachdem eine Weile nichts passiert war, bog plötzlich ein Transporter auf den Hof, der ganz offensichtlich nicht Rudolf gehörte. Der Name des Konkurrenz-Unternehmens prangte unübersehbar in großen Lettern an den Längsseiten des Wagens. Ich rief die OP-Schwester an und fragte, ob sie bei dem Unternehmen einen Wagen angefordert hatte. »Natürlich nicht!«, kam die empörte Antwort. »Soll ich mir die beiden da draußen mal vorknöpfen?« Die Dame wollte Nägel mit Köpfen machen.

»Lieber nicht«, wehrte ich ab. »Bis wir genauer Bescheid wissen, sollten wir keine schlafenden Hunde wecken.«

»Wie Sie wollen«, antwortete sie, etwas brüsk. Nachdem ich Namen und Adresse des Patienten notiert hatte und der Transporter wieder abgefahren war, grübelte ich nach. Irgendeiner von Rudolfs Leuten musste die Fahrt an die Konkurrenz weitergegeben haben, vermutlich gegen eine Provision. Nur, wer?

Am frühen Abend sah ich erneut einen Wagen des fremden Unternehmens auf den Hof fahren. Und kurz darauf einen von Rudolf. Rudolfs Mitarbeiter stiegen aus und hielten einen kurzen Plausch mit den anderen Fahrern. Dann lud der eine den Patienten ein, während der andere, ein blonder junger Mann, mit dem Fahrer der Konkurrenz ein Stück beiseiteging. Ich holte die Kamera hervor und fotografierte, was das Zeug hielt: die beiden Männer im Gespräch, die beiden Männer lachend. Der Fahrer der Konkurrenz, wie er einen Umschlag aus der Tasche holt und ihn dem Blonden zusteckt. Der Blonde, der den Umschlag entgegennimmt und in die Jackentasche steckt. Sobald die beiden Autos weggefahren waren, sah ich nach, wie die Fahrer hießen, und rief Rudolf an. Der war außer sich, als ich ihm erzählte, dass eins seiner Teams Geld von der Konkurrenz kassierte.

»Das kann doch wohl nicht wahr sein!«, brüllte er ins Telefon. »Diese Scheißkerle! Aus denen mache ich Hackfleisch, Matthias! Hackfleisch!« Die Schimpftirade ging noch eine Weile weiter. Als ich Rudolf erzählte, wer die beiden Mitarbeiter waren, wurde er von einer Sekunde auf die andere ganz still. »Bist du dir ganz sicher, dass das der Wagen von Andreas und Ernie war?«, fragte er nach einer längeren Pause. Ich gab ihm das Kennzeichen durch, beschrieb ihm den Fahrer, der den Umschlag eingesteckt hatte, und sagte ihm, dass ich geschätzte zweihundert Fotos gemacht hatte, die wir uns zusammen anschauen konnten. »Ist nicht nötig«, winkte Rudolf ab,

»bei uns gibt's nur einen blonden Fahrer, und das ist der Andreas. Aber das kann nicht sein. Andreas ist einer meiner besten Männer, mit dem gab's nie Probleme, nie Beschwerden. Der ist immer 1a zuverlässig. Außerdem ist das der Sohn von Walter, den kenn' ich, seit er noch Windeln getragen hat. Das kann unmöglich sein!« Auf Rudolfs Flehen erklärte ich mich bereit, noch weiter zu beobachten, obwohl ich eine Mütze Schlaf gut hätte gebrauchen können. Wir verabredeten, uns gegen halb eins nachts im Büro der Transportfirma zu treffen. Die Schicht von Ernie und Andreas wäre dann bereits zu Ende, und außer Funke, dem zweiten Disponenten, der sich mit Walter Krüger abwechselte, würde niemand dort sein.

Funke, ein wortkarger älterer Herr, wunderte sich nicht sonderlich über den nächtlichen Besuch. Als Rudolf ihm erklärte, er habe abends noch einen Termin in Leipzig gehabt und wolle noch schnell ein paar Unterlagen abholen, nickte er nur, schlurfte zurück in sein Büro und schloss die Tür hinter sich. Als Erstes kontrollierten wir die Belege und die Eigenanteile, die Andreas Krüger und sein Kollege abgegeben hatten. Die Fahrer lieferten nach jeder Schicht nicht nur die kassierten Eigenanteile beziehungsweise die Kopien der Überweisungsträger ab, die den Patienten mitgegeben wurden, sondern auch ein ausgefülltes Formular zu jeder durchgeführten Fahrt. Diese Formulare waren das Wichtigste: Sie gingen an die Krankenkassen, damit diese den Löwenanteil der Transportkosten bezahlten. Wenig überrascht stellten wir fest, dass sowohl einer der Eigenanteile der von mir beobachteten Fahrten als auch das entsprechende Krankenkassenformular fehlte. Danach betraten wir den Umkleideraum. Die meisten Mitarbeiter ließen ihre Spinde offen, so auch Ernie und Andreas. In Ernies Spind befanden sich Arbeitskleidung, Wechselsocken, ein paar Schokoriegel, sonst nichts Besonderes. In Andreas Schrank hing außer seiner Arbeitskluft noch eine Umhängetasche. Aus der Seitentasche ragten einige Zettel hervor. Ich blätterte sie vorsichtig durch. Es waren Fahrtenformulare aus den letzten zehn Tagen, etwa ein bis zwei pro Tag. Formulare, die längst hätten abgegeben sein müssen. Und ohne die Rudolfs Firma kein Geld für die Fahrten sehen würde. Ich ahnte, warum Krüger die Formulare zurückgehalten hatte. Mich wunderte allerdings, dass er die Papiere so offen in seiner Tasche aufbewahrte. Er musste sich ziemlich sicher fühlen. Ich zeigte Rudolf die Zettel. Der sah mich betroffen an und meinte, Andreas habe vielleicht vergessen, die Zettel abzugeben.

»Das glaubst du doch selbst nicht«, antwortete ich. »Warum sollte er denn regelmäßig jeden Tag ein bis zwei Zettel ›vergessen‹, abzugeben und sie dann schön ordentlich gebündelt über eine Woche in seiner Tasche aufbewahren?«

Rudolf nickte stumm. Nachdem ich sie fotografiert hatte, verstaute ich die Formulare wieder in der Tasche. Andreas Krüger würde gar nicht merken, dass jemand seinen Spind untersucht hatte, und das sollte er auch nicht. Noch nicht.

Am nächsten Morgen fand ich mich eine halbe Stunde bevor Andreas' und Ernies Schicht begann, vor der Firma ein. Sobald die beiden aus dem Hof kamen, startete ich den Wagen und folgte ihnen. Ich notierte jede Fahrt, die die beiden machten. Insgesamt waren es zwölf an diesem Tag. Am Ende der Schicht fuhren die beiden den Transporter wieder auf den Firmenhof. Während ich vor dem Gelände wartete, gab ich Rudolf, der im Büro saß und vorgab, Papierkram zu erledigen, die Start- und Zieladressen durch. Als ich gerade aufgelegt hatte, bog Ernie in seinem Golf auf die Straße, Andreas' roter Audi folgte wenig später. Ich blieb an Andreas dran. Nach einer kurzen Fahrt hielt er vor einem Supermarkt und kam eine Viertelstunde später mit zwei vollen Tüten, Marke Familieneinkauf, wieder heraus. Die Weiterfahrt führte jedoch nicht zu seiner Wohnung, in der er mit Frau und Tochter lebte, sondern weiter aus der Stadt heraus. Ein geheimes Treffen oder nur ein Zwischenstopp bei einem Kumpel? Nach knappen zehn Minuten wurde der Audi langsamer und hielt schließlich vor einem Bürogebäude. Ich parkte mit genügend Abstand. Andreas stieg aus und verschwand in dem Haus, über seiner Schulter die Tasche, die wir gestern in seinem Spind entdeckt hatten. Nach ein paar Sekunden stieg ich ebenfalls aus dem Wagen und schlenderte unauffällig zu dem Gebäude. Ich wollte gerade nachsehen, wo Andreas geklingelt hatte, da sprang mir ein großes Firmenschild ins Auge, das an der Hauswand angebracht war. Schnell lief ich zum Auto zurück und rief Rudolf an.

»Hast du schon die Fahrten von heute abgeglichen?«, fragte ich.

»Bin gerade durch.«

»Und?«

»Drei fehlen. Drei Stück! Dieser Scheißkerl!«

»Das wundert mich überhaupt nicht«, antwortete ich. »Rate mal, wo ich stehe.«

»Bitte keine Rätsel, ich bin so was von stinkwütend!«

»Vor dem Büro der Konkurrenz. Andreas ist gerade reingegangen. Die Umhängetasche hatte er übrigens auch dabei.«

»Bleib, wo du bist«, brüllte Rudolf ins Telefon, »ich fahrt sofort los!«

Zehn Minuten später parkte Rudolf hinter mir ein und ließ sich neben mir auf den Beifahrersitz plumpsen.

»Dieser Dreckskerl«, schimpfte er. »Der kann gleich was erleben!«

»Jetzt beherrsch dich! Das bringt dir sonst höchstens eine Anzeige wegen Körperverletzung ein. Wirf ihn einfach raus, dann hast du deine Ruhe.«

Rudolf brummte etwas Unverständliches.

»Sollen wir dann?«, fragte ich. Er nickte. Wir gingen zu dem Gebäude und postierten uns auf beiden Seiten des Eingangs. Kurz darauf kam Andreas aus der Tür.

»Hallo Andreas, du mieser Verräter!«, begrüßte ihn Rudolf.

Das fröhliche Lächeln verschwand schlagartig aus dem Gesicht des blonden Mannes.

»Guck nicht so überrascht. Du weißt ganz genau, warum wir hier sind!«, schimpfte er und zeigte auf das Firmenschild.

»Die haben mir einen Job angeboten«, behauptete Andreas, als er seine Fassung zurückgewonnen hatte. »Ich wollte mir einfach mal anhören, was die so zu bieten haben. Ist doch kein Verbrechen.«

»Nein, ist es nicht«, schaltete ich mich ein, »aber noch sind Sie bei Rudolf angestellt. Und wenn Sie Aufträge an die Konkurrenz verkaufen oder Patienten in Rudolfs Wagen befördern und hinterher über eine andere Firma abrechnen, machen Sie sich strafbar.«

»Den Quatsch muss ich mir nicht anhören«, antwortete Andreas, ohne einen von uns anzusehen. Er machte Anstalten zu gehen, aber Rudolf und ich machten jeder einen Schritt nach vorne und versperrten ihm den Weg.

»Oh doch, das müssen Sie«, entgegnete ich. »Ich habe heute jede Ihrer Fahrten begleitet und dokumentiert. Sie haben alle Krankenkassenformulare abgegeben, bis auf drei. Außerdem haben wir in Ihrem Spind Formulare aus den letzten Wochen gefunden. Ich vermute, die befinden sich jetzt in einem der Büros hier. Sollten wir uns irren, dann wäre jetzt ein guter Zeitpunkt, Ihrem Chef die fehlenden Formulare in die Hand zu drücken.«

Rudolf, der inzwischen schon ganz rot im Gesicht war, starrte Andreas wütend an. Der sah zu Boden und sagte nichts.

»Das wäre dann wohl geklärt«, fuhr ich fort. »Wir wissen außerdem, dass Sie Fahrten direkt an die Konkurrenz verkauft haben. Ich habe beobachtet, wie Sie gestern vor dem OP-Zentrum einen Umschlag entgegengenommen haben.«

»Du klaust mir doch schon seit Monaten die Fahrten!«, brüllte jetzt Rudolf dazwischen. »Wenn ich das deinem Vater erzähle! Eine Schande bist du für deine Familie!«

»Hier ist unser Vorschlag«, versuchte ich, wieder Ruhe in die Situation zu bringen, »Rudolf verzichtet auf eine Anzeige, dafür räumen Sie und Ihr Kumpel Ernie morgen früh Ihre Spinde und kündigen mit sofortiger Wirkung.«

Andreas schluckte, dann nickte er schließlich wortlos, und wir ließen ihn gehen.

Am nächsten Morgen berichtete ich Marlen von den Ereignissen des letzten Abends. Ich erzählte ihr, wie wir

Andreas Krüger gestellt hatten. Und wie sehr es Rudolf zu schaffen machte, dass der Verräter ausgerechnet der Sohn seines langjährigen Freundes Walter Krüger war. Während wir beim Frühstück saßen, führte Rudolf wahrscheinlich gerade ein sehr schwieriges Gespräch mit seinem Freund. Als ich mit meinem Bericht fertig war, begann Marlen, von ihren eigenen Entdeckungen zu erzählen. Sie hatte sich in den letzten Tagen noch mal die Eigenanteile vorgeknöpft, Zettel für Zettel, Monat für Monat, und dabei entdeckt, dass die fehlenden Eigenanteile allesamt auf das Konto von Ernie Voss und Andreas Krüger gingen, auch ganz buchstäblich: Die beiden hatten nicht nur Eigenanteile der Patienten nicht abgeführt, sie hatten teilweise sogar ihre eigenen Kontodaten angegeben und sich die Zahlungen der Patienten dorthin überweisen lassen. Die Durchschläge der Überweisungsträger befanden sich in den Buchhaltungsunterlagen. Dreister ging es nicht.

»Dann passt ja alles haargenau zusammen«, fasste ich die Lage zusammen.

»Ja, aber ihr habt da ein paar Dinge nicht bedacht«, antwortete Marlen.

»Ach ja? Und was?«

»Der Buchhalterin hätte doch auffallen müssen, dass die Gelder fehlen. Und wenn sie da nicht sorgfältig gegengerechnet hat, hätte sie zumindest merken müssen, dass die beiden manchmal nicht die Firmenkonten angegeben haben und die entsprechenden Gelder nie auf dem Firmenkonto eingetroffen sind.«

»Das stimmt schon, aber manche Leute arbeiten halt sehr schlampig. Wahrscheinlich hat sie die Sachen einfach nur zack, zack abgeheftet.«

»Das würde ich an deiner Stelle wahrscheinlich auch vermuten, aber ich weiß etwas, was du nicht weißt. Etwas, was Rudolf dir anscheinend vorenthalten hat.«

»Und das wäre?«

»Den Namen der Buchhalterin.«

Ich sah meine Frau verständnislos an.

»Die Dame heißt Krüger.«

Ich sah sie fassungslos an.

»Ich habe Rudolf gefragt, sie ist die Mutter von Andreas.«

»Und die Frau von Walter, der bei Rudolf in der Telefonannahmestelle sitzt und für Rudolf den Laden schmeißt?«

»Ganz genau. Ich glaube, dein Freund hat sich nicht nur ein, sondern gleich zwei oder drei Kuckuckseier ins Nest legen lassen. Ich würde sagen, da bekommt das Wort ›Familienbetrieb‹ gleich eine ganz neue Bedeutung.«

Ich nickte nur und dachte nach. Marlen hatte wie immer recht. Andreas' Mutter musste von dem Betrug ihres Sohnes zumindest teilweise gewusst haben. Aber dann war die Wahrscheinlichkeit groß, dass auch der Disponent Walter in die Sache verwickelt war.

»Warte mal kurz«, sagte ich und ging zum Telefon.

»Rudolf«, rief ich, nachdem er abgenommen hatte, »hast du schon mit Walter gesprochen? Wegen Andreas?«

»Nein. Ich weiß gar nicht, wie ich ihm das beibringen soll. Warum fragst du?«

»Ich habe gerade noch mal nachgedacht. Sag mal, wie funktioniert das mit den Fahrten genau? Der Disponent nimmt die Aufträge telefonisch an, und dann?«

»Dann teilt er ein Fahrerteam dafür ein.«

»Und wird das irgendwo eingetragen?«

»Na, der Disponent führt eine Liste, in die er die Fahrten einträgt. Die geht dann an die Sekretärin.«

»An Frau Krüger.«

»Genau.«

»Rudolf, ich sage das nicht gerne, aber ich vermute stark, dass dein Freund Walter und seine Frau mit drinhängen. Die beiden müssten doch gemerkt haben, dass da Fahrten fehlen beziehungsweise nicht abgerechnet wurden. Andreas und Ernie können das gar nicht allein durchgezogen haben.«

»Also das nimmst du zurück! Für Walter würde ich beide Hände ins Feuer legen. Du weißt, er ist einer meiner besten Freunde. Außerdem überprüft er die Listen mit den Fahrten nicht noch mal, das macht alles seine Frau.«

»Aber Walter …«

»Nein! Da irrst du dich, ganz bestimmt. Bei Martha bin ich mir nicht sicher, wir hatten ehrlich gesagt noch nie einen richtigen Draht zueinander. Aber bei Walter liegst du falsch!«

So kamen wir offenbar nicht weiter.

»Warte mal, Rudolf«, sagte ich, »ich ruf dich gleich noch mal an.«

Ich wählte die Nummer des OP-Zentrums in Leipzig und fragte nach der Schwester, die wir eingeweiht hatten. Ich wollte wissen, ob sie oder die Kollegen seit Ernies und Andreas Schichtende gestern um sechs noch mal Wagen von der Konkurrenz auf dem Hof gesehen hatten. Die Schwester hielt kurz mit ihren Kollegen Rücksprache, dann kam sie zurück ans Telefon und bestätigte meinen Verdacht. Am frühen Morgen hatten zweimal Transporter eines fremden Unternehmens Patienten abgeholt, ohne dass sie das Unternehmen angefordert hatte. Ich bedankte mich und rief wieder bei Rudolf an. Der war am Boden zerstört, als ich ihm erzählte, dass auch heute Morgen wieder Wagen von der Konkurrenz aufgetaucht waren. Sein Freund Walter hatte seit sechs Uhr morgens Telefondienst gehabt, und er war es, der alle Fahrten angenommen und verteilt hatte.

Bei dem unerfreulichen Gespräch zwischen Walter Krüger und Rudolf war ich zum Glück nicht dabei, und Rudolf wollte darüber auch nicht sprechen. Das Ende vom Lied war, dass Rudolf sich nicht nur mit Andreas und Ernie, sondern auch mit Walter Krüger und seiner Frau auf eine sofortige Beendigung des Arbeitsverhältnisses einigte und dafür auf eine Anzeige verzichtete. Im Nachhinein entdeckten wir noch mehr Ungereimtheiten. Privatrechnungen, die auf Firmenkosten bezahlt worden waren, zum Beispiel die Reparatur von Walter Krügers Opel. Und dann war da noch ein privater Kredit über mehrere Tausend Euro, den Rudolf Walter gewährt hatte. Krüger hatte Rudolf nach dem Kündigungsgespräch versprochen, das Geld so schnell wie möglich zurückzuzahlen, aber bis auf ein paar Hundert Euro kam nie etwas. Als Rudolf Krüger deswegen noch mal kontaktieren wollte, war der plötzlich unbekannt verzogen. Für seine Firma fand Rudolf schnell neue Mitarbeiter, die weder miteinander verwandt noch verschwägert waren. Und nach und nach ging es mit den Einnahmen wieder aufwärts – ohne dass Rudolf Leute entlassen oder einen Kredit aufnehmen musste.

Manchmal, wenn wir nach dem Fußball zusammensitzen, kommen wir noch auf die Krüger-Geschichte zu sprechen, zum Beispiel wenn Rudolf einen Bekannten aus der Medizinbranche getroffen und von Walter Krügers neuesten Verfehlungen gehört hat. »Diese Ratte!«, schimpft Rudolf dann immer, rümpft verächtlich die Nase, und dann sprechen wir ganz schnell über etwas anderes.

VERBRANNT

Es war ein Nachmittag unter der Woche gewesen, an dem Beate Lotz im Haus ihrer Eltern den siebenundsechzigsten Geburtstag ihres Vaters gefeiert hatte. Wie bei jeder Familienfeier gab es Kaffee und selbstgebackenen Kuchen, ihre vier Schwestern Barbara, Annette, Susanne und Simone samt Kindern waren gekommen, und auch ihr Sohn Christian war mit dabei. Nur die Ehemänner fehlten. Sie hatten sich, bis auf Annettes Mann Peter, an dem Tag nicht freinehmen können. Es war eigentlich eine Familienfeier wie jede andere. Nach dem Essen standen die Kinder auf, um zu spielen, die Erwachsenen blieben sitzen und unterhielten sich über die Arbeit, über ihre Pläne für den nächsten Urlaub, über gemeinsame Bekannte und Verwandte. Nur Beates jüngste Schwester Barbara beteiligte sich kaum an den Gesprächen. Aber das war nichts Ungewöhnliches. Barbara war von Natur aus ein zurückhaltender Mensch, und im Lauf der letzten Jahre war sie eher noch verschlossener geworden.

Als es langsam auf den Abend zuging, hatte Barbara ihren Schwager Peter gebeten, sie nach Hause zu fahren. Sie hatte eigentlich vorgehabt, mit ihrer Tochter über Nacht zu bleiben, aber im Laufe des Nachmittags war ihr eingefallen, dass sie vergessen hatte, der Katze Futter hinzustellen. Peter hatte nichts dagegen gehabt, sie zu fahren. Da er grundsätzlich keinen Alkohol trank, spielte er bei Familienfeiern oft den Chauffeur. Gegen sieben machten sich Peter, Barbara, Melanie sowie Simone mit ihrer Tochter, die ebenfalls mit öffentlichen Verkehrsmitteln gekommen waren, auf den Weg. Die beiden Schwestern wohnten im selben Stadtteil, Peter musste also keinen großen Umweg fahren. Er setzte erst Barbara und Melanie, dann Simone und ihre Tochter ab und kehrte anschließend zur Feier zurück. Da war es etwa Viertel vor acht. Kurz darauf machten sich auch die übrigen Familienmitglieder auf den Heimweg. Beate Lotz und ihr Sohn kamen gegen neun zu Hause an. Sie schauten noch eine Weile mit Vater Wolfgang fern, und gegen halb elf gingen alle drei schlafen. Ein ganz normaler Abend nach einer ganz normalen Familienfeier.

Auch am nächsten Tag war alles seinen gewohnten Gang gegangen. Christian war als Erster aufgestanden, um seine Schicht im Krankenhaus anzutreten, Beate Lotz und ihr Mann waren etwas später ebenfalls zur Arbeit gefahren. Abends hatten die drei zusammen zu Abend gegessen und ferngesehen, Beate Lotz hatte sich noch um die Wäsche gekümmert. Von ihren Geschwistern oder ihren Eltern hatte Beate Lotz an diesem Tag nichts gehört, aber sie waren ja auch gerade erst am Tag zuvor beisammengewesen.

Am Tag darauf hatte Beate Lotz Frühschicht. Um kurz nach fünf stand sie auf, duschte, zog sich an und ging anschließend in die Küche, um zu frühstücken. Während der Kaffee durchlief, schaltete sie das Radio ein, um die Nachrichten zu hören. Nachdem der Sprecher von den neuesten politischen Entwicklungen berichtet hatte, wechselte er zum Lokalen: In einem der Randbezirke Berlins hatte es einen nächtlichen Brand gegeben, bei dem zwei Menschen zu Tode gekommen waren. Der Bericht war noch nicht zu Ende, als das Telefon klingelte. Beate Lotz' Schwester Simone fragte völlig außer sich, ob Beate es schon wisse. Barbara und Melanie seien tot, verbrannt in ihrem eigenen Haus. Beate Lotz konnte es nicht glauben. Sie versprach Simone, gleich zurückzurufen, und bat dann ihren Mann, der inzwischen ebenfalls aufgestanden war, bei der Feuerwehr anzurufen. Diese teilte ihm mit, dass es in der vergangenen Nacht keinen Brand bei der Adresse von Barbara Drewitz gegeben habe. Beate Lotz atmete erleichtert auf. Anscheinend war alles nur ein Missverständnis. Aber ein Rest Zweifel blieb, deshalb ging sie schnell vor die Tür, um eine Tageszeitung zu kaufen. Als sie sich dem Zeitschriftenkiosk näherte, sah sie es. Auf der Titelseite der Zeitungen prangte ein großes Foto von Barbara und Melanie. Die Überschrift lautete: BRANDSTIFTUNG. WER KENNT DIESE FRAU UND IHRE TOCHTER?

Jetzt saß Beate Lotz in meinem Büro, eine sympathische Frau Mitte vierzig mit hellen, freundlichen Augen und kurzem Haar. Die Nacht, in der ihre Schwester und

Nichte getötet und angezündet worden waren, lag mittlerweile drei Monate zurück. Anders, als die Familie zuerst angenommen hatte, waren Barbara und Melanie Drewitz bereits am Abend der Familienfeier und nicht erst am Abend darauf ermordet worden. Die Polizei hatte sich jedoch aus unerklärlichen Gründen nicht gleich bei der Familie gemeldet, obwohl eine Lehrerin von Melanie den Beamten am Tag nach dem Mord die Adresse einer der Schwestern genannt hatte. So hatten Beate Lotz und ihre Geschwister von dem Mord aus dem Radio erfahren müssen. Die Polizei hatte die Familienmitglieder anschließend vernommen. Danach sei wochenlang nichts passiert, erzählte mir Beate Lotz. Die Polizei schien keinen Verdächtigen zu haben, niemand wurde festgenommen, es gab keine heiße Spur. Dann, etwa einen Monat nach der Brandnacht, wurde aus heiterem Himmel Beate Lotz' Sohn Christian verhaftet. Die gesamte Familie war geschockt. Nicht nur für Christians Eltern, auch für die übrigen Geschwister stand fest, dass der Junge unschuldig war. Und dass der wahre Täter sich weiterhin auf freiem Fuß befand.

Nachdem Christians erster Anwalt monatelang nichts zutage gefördert hatte, was Christian hätte entlasten können, hatten seine Eltern schließlich einen neuen Anwalt engagiert. Gemeinsam beschlossen sie, einen privaten Ermittler zu beauftragen, weil die Zeit drängte. Das Ermittlungsverfahren lief zwar noch, aber alles sah danach aus, dass die Staatsanwaltschaft, die ebenso wie die Polizei von Christians Schuld überzeugt war, ihn in wenigen Wochen wegen Mordes anklagen würde, während der wahre Täter immer noch frei herumlief.

»Was genau hat die Polizei gegen Ihren Sohn in der Hand, Frau Lotz? Was hätte er für ein Motiv haben können?«, wollte ich von meiner Auftraggeberin wissen.

»Die Polizei hat Christian ein Verhältnis mit meiner Schwester angedichtet. Sie hatten ja keinen Verdächtigen, aber sie wussten, dass Christian meine Schwester manchmal besucht hat. Und eins der Nachbarskinder hat ihnen wohl erzählt, wie die beiden sich umarmt haben und Christian der Barbara einen Kuss auf die Wange gegeben hat. Dabei ist es völlig normal unter Verwandten, dass man sich zum Abschied umarmt. Außerdem war meine Schwester vierzehn Jahre älter. Aber die Polizei glaubt, zwischen den beiden sei etwas gewesen und unser Sohn hätte Barbara ...« Beate Lotz sah zu Boden und schwieg einen Moment. Dann fuhr sie mit leiser Stimme fort: »... er hätte sie umgebracht, weil sie ihn zurückgewiesen hat.«

»Haben die beiden sich denn oft gesehen? Haben sie sich gut verstanden?«

»Barbara kannte unseren Jungen doch, seit er klein war. Damals, als sie noch in der Stadt gewohnt hat, haben wir uns oft gesehen. Meine Schwester hat den Christian immer gern gehabt. In den letzten Jahren hatte sie ja nicht mehr so viel Kontakt zur Familie. Aber unser Sohn hat sie ab und zu besucht. Er hat oft an seinem Auto rumgeschraubt, aber das ging natürlich nicht mitten auf der Straße. Meine Schwester hatte viel Platz auf dem Grundstück und hat ihm öfter mal erlaubt, das Auto bei ihr auf dem Hof zu reparieren. Dafür hat er sich auch um ihr Auto gekümmert, ich glaube, der Motor machte Probleme. Die Nachbarn haben ihn natürlich gesehen, wenn er da war.«

»Ich verstehe. Wissen Sie, ob die Polizei sonst irgendetwas gegen Ihren Sohn in der Hand hat?«, fragte ich weiter.

»Nichts haben die in der Hand, aber die drehen sich das jetzt so hin. Also, ein paar Tage nach … nach dem Mord, da hat man in einem Container Papiere von der Barbara gefunden.«

»Was für Papiere?«

»Ein Brief an ihre Bank, Überweisungsformulare, eine Einkaufsliste, solche Sachen.«

Ich sah sie fragend an.

»Der Hof, auf dem der Container stand«, fuhr sie fort, »gehört zu dem Krankenhaus, in dem Christian seinen Zivildienst geleistet hat. Und die Polizei meint, dass nur der Mörder die Papiere dort abgelegt haben kann.«

Ich runzelte die Stirn.

»Was ist mit Christians Alibi? Sie haben gesagt, dass Sie nach dem Geburtstag Ihres Vaters mit Ihrem Sohn nach Hause gefahren und gegen halb elf ins Bett gegangen sind. Haben Sie ihn irgendwann in der Nacht noch mal gesehen oder gehört?«

»Das hat die Polizei uns auch schon gefragt. Ich habe die ganze Nacht fest geschlafen, bis der Wecker morgens geklingelt hat. Aber mein Mann musste nachts noch mal raus. Gegen halb drei war das. Da hat er unseren Sohn im Bett liegen sehen. Christian lässt die Tür nachts immer angelehnt. Aber das hat die Polizei nicht überzeugt. Die haben gemeint, unser Sohn hätte ja, nachdem wir ins Bett gegangen sind, noch mal aufstehen, zur Barbara fahren und sich dann wieder ins Bett legen können.«

»Aber das glauben Sie nicht?«

»Nein«, erwiderte sie und schüttelte energisch den Kopf. »Unser Sohn ist in der Nacht bestimmt nicht noch mal vor die Tür. Wie gesagt, ich habe einen sehr festen Schlaf, aber mein Mann wacht schon beim kleinsten Geräusch auf. Er hätte es mit Sicherheit gehört, wenn Christian nachts aufgestanden und rausgegangen wäre – wir haben Holzdielen in der Wohnung, die knarren bei jedem Schritt.«

Anschließend wollte ich mehr über die ermordete Barbara Drewitz wissen. Über ihre Schwester zu sprechen, fiel Beate Lotz sehr schwer. Immer wieder brach sie ab, weil ihre Stimme wegbrach oder weil ihr die Tränen kamen. Der Mord war ein Schock gewesen, den sie nicht überwunden hatte. Ich erfuhr von ihr, dass Barbara Drewitz zuletzt als Sachbearbeitern der Telekom mit den Bereichen Programmierung und Finanzwesen befasst gewesen war. Sie hatte Elektronikfacharbeiterin gelernt und zunächst beim Deutschen Fernsehfunk im Bereich Studiotechnik gearbeitet und war dann in die Informationstechnik der Deutschen Post gewechselt, die wiederum nach der Wende von der Telekom übernommen worden war. Von Melanies Vater, Werner Schäfer, hatte Barbara Drewitz sich Mitte der Achtziger getrennt. Danach hatten die beiden laut Beate Lotz nur noch wenig Kontakt gehabt. Auch mit seiner Tochter hatte Schäfer wenig Zeit verbracht. Nach der Trennung hatte sich Barbara in ihren Kollegen Michael Drewitz verliebt und ihn geheiratet. In den Augen von Beate Lotz war es eine glückliche Ehe gewesen, auch die kleine Melanie hatte Drewitz offenbar als Vater akzeptiert. Doch kurz vor der Wende war er, ohne seine Frau einzuweihen, in einer Nacht-und-Nebel-Aktion in den Westen abgehauen. Als er sie aus der BRD anrief, machte er ihr unmissverständlich klar, dass er nicht mehr in die DDR zurückkehren würde. Er bat sie nachzukommen, doch Barbara Drewitz wollte Berlin nicht verlassen, und so gingen sie von da an getrennte Wege. Ich vermutete, dass schon vor der Flucht etwas zwischen den beiden vorgefallen war – hätte Drewitz seine Frau sonst nicht in seine Pläne eingeweiht? Doch darüber wusste Beate Lotz nichts. Kurz nach der Trennung war ihre Schwester an den äußersten Rand der Stadt gezogen und, soweit Beate Lotz sagen konnte, seitdem keine Beziehung mehr zu einem Mann eingegangen. Sie hatte sich auch von der Familie immer mehr zurückgezogen, der Kontakt war sehr selten geworden.

»Haben Sie irgendeinen Verdacht, wer als Täter in Frage kommen könnte?«, fragte ich am Ende des Gesprächs vorsichtig.

Beate Lotz schwieg lange, ohne mich dabei anzusehen. Dann sagte sie: »Wer hätte denn der Barbara so etwas antun sollen? Meine Schwester war ein herzensguter Mensch, sie hat doch keinem etwas getan. Und viel zu holen gab es bei ihr auch nicht.«

Wieder kamen ihr die Tränen.

Ich hatte das Gefühl, dass meine Auftraggeberin mir längst nicht alles erzählt hatte. Irgendetwas musste sie sich während der letzten Monate zusammengereimt haben. Aufgelöst, wie sie war, wollte ich jedoch nicht weiter nachbohren. Ich würde später, wenn ich mir einen besseren Überblick verschafft hatte, sowieso noch mal ausführlich mit ihr sprechen müssen.

Weitere wichtige Details über die Tatnacht und die bisherigen Ermittlungen erfuhr ich von Christians Strafverteidiger und aus der Kopie der Ermittlungsakte, die er mir bei unserem Treffen ein paar Tage später aushändigte. Aus der Akte ging hervor, dass Barbara und Melanie Drewitz zwischen neun Uhr abends und sechs Uhr am nächsten Morgen getötet worden waren. Am Hals der Opfer hatte der Gerichtsmediziner Spuren von Gewalteinwirkung entdeckt. Vermutlich hatte der Täter Mutter und Tochter erdrosselt, sie anschließend mit einer brennbaren Flüssigkeit übergossen und das Haus in Brand gesteckt. Da alle Fenster geschlossen waren, konnte keine frische Luft hereinströmen, und so hatte sich ein Schwelbrand entwickelt. Bei einem Schwelbrand läuft die Verbrennung wegen der geringen Sauerstoffzufuhr nur unvollständig ab: Die Temperatur ist niedriger als bei einem klassischen Feuerbrand, und es gibt keine sichtbaren Flammen. Wegen der geringen Rauchentwicklung ist ein solcher Brand von außen allerdings nicht leicht zu bemerken. Erst am nächsten Morgen hatten Nachbarn den Rauch entdeckt und die Feuerwehr alarmiert. Die hatte die Tür aufgebrochen und sofort mit dem Löschen begonnen. Im Wohnzimmer hatten sie zwei stark verkohlte Leichen gefunden. Barbara Drewitz hatte auf der Couch gelegen. Ihre Tochter Melanie war in ihrem Kinderzimmer im ersten Stock getötet worden. Doch der Brand hatte die Holzbalkendecke zerstört, und so war das Mädchen mitsamt ihrem Bett durchgebrochen und auf dem Wohnzimmerboden im Erdgeschoss aufgeschlagen. Zweifelsfrei identifiziert werden konnten die beiden erst durch einen Abgleich des Zahnschemas, da sie bis zur Unkenntlichkeit verbrannt waren.

Dort, wo der Täter Feuer gelegt hatte, waren Möbel und Fußboden besonders stark verbrannt gewesen: unterhalb der ursprünglichen Position der Leichen sowie an einer weiteren Stelle im hinteren Bereich des Wohnzimmers. Auffällig war, dass die Feuerwehr die Haustür von außen verschlossen vorgefunden hatte, als sie zur Löschung anrückte. Der Täter musste sich also den Hausschlüssel genommen und die Tür nach Verlassen des Tatorts von außen zugesperrt haben. Und noch etwas Wichtiges war in den Akten zum Tatort vermerkt: Seit dem Vorabend des Mordes waren die zwei Straßenlampen in der Nähe von Barbara Drewitz' Haus defekt gewesen. Irgendjemand hatte die Sicherungen herausgedreht.

Das alles wirkte auf mich nicht wie eine Tat im Affekt, sondern sorgfältig durchgeplant. Der Täter hatte die Straße abgedunkelt, um zu verhindern, dass ihn in der Mordnacht jemand in der Nähe des Hauses bemerkt. Er hatte Brandbeschleuniger dabeigehabt und Mutter und Tochter zuerst getötet, bevor er anschließend mithilfe des Brandes versucht hatte, seine Spuren zu vernichten.

Was ihm auch gelungen war. Das Löschwasser der Feuerwehr hatte Asche und Ruß gebunden und in schwarzen Schlamm verwandelt. Die Spurensicherung hatte daher kaum etwas Brauchbares gefunden, bis auf zwei Glasabdrücke auf dem Wohnzimmertisch. Die Gläser waren offenbar erst entfernt worden, nachdem sich bereits Ruß im Raum und auf dem Tisch abgesetzt hatte. Ich fragte mich, ob der Täter etwas mit Barbara Drewitz getrunken hatte, bevor er sie tötete. Hatte er nach dem Mord den Brand überwacht, um sicherzugehen, dass dieser auch weiterglomm, und anschließend die Gläser mitgenommen, weil sich daran seine Fingerabdrücke oder Speichelspuren befanden? Die Beamten hatten jedenfalls keine Gläser mit Rußablagerungen gefunden. An Spuren war sonst nur noch ein Fingerabdruck im Bereich der Eingangstür sichergestellt worden, der jedoch bislang nicht zugewiesen werden konnte. Und der auch nicht zwangsläufig etwas mit dem Mord zu tun haben musste. Barbara Drewitz' Verwandte und Bekannte konnten jedenfalls ausgeschlossen werden.

Nachdem ich die Akte von Anfang bis Ende durchgeackert hatte, war ich mir sicher, dass der Mörder Barbara Drewitz gekannt haben musste. Es gab keine Einbruchsspuren, Barbara Drewitz hatte den Täter offenbar selbst hereingelassen. Auch Wertgegenstände fehlten nach Aussagen der Verwandtschaft nicht. Jemand, der es auf Geld oder Wertsachen abgesehen hatte, hätte außerdem kaum die Hausbewohner erdrosselt und anschließend angezündet. Das Einzige, was vermisst wurde, war Barbara Drewitz' Aktentasche, in der sie ihre persönlichen Dinge aufbewahrt hatte, eine Umhängetasche aus Leder, etwas größer als eine Handtasche. Aufgrund der Beschreibung ihrer Schwester Annette Westphal war eine Zeichnung der Tasche angefertigt worden, doch bislang war diese nicht wiederaufgetaucht. Dafür war ihr mutmaßlicher Inhalt gefunden worden – die Papiere im Schuttcontainer. Die Tasche selbst hatte der Täter entweder behalten oder anderweitig entsorgt. Außerdem fehlten zwei Ordner, in denen sich Eigentumsnachweise der Toten befunden hatten. Mich wunderte es, dass die Polizei die fehlenden Ordner in den Ermittlungen bislang nicht weiter berücksichtigt hatte. Es konnte bedeuten, dass die Tat einen finanziellen Hintergrund hatte. Allerdings war Barbara Drewitz, abgesehen von dem Haus, das nun abgebrannt und damit wertlos geworden war, allem Anschein nach nicht wohlhabend gewesen. Immerhin hatte sie eine Lebensversicherung über 20 000 D-Mark gehabt, wie ich den Unterlagen entnahm. Begünstigter war ihr Exmann Michael. Der lebte jedoch in Hannover und hatte für den fraglichen Abend ein Alibi.

Über Barbara Drewitz hatte ich aus den Akten kaum etwas erfahren, was mir weiterhalf. Sie hatte offenbar keine engen Freundinnen gehabt, mit denen sie über ihre Probleme sprach, oder Bekannte, die sie häufiger traf. Auf der Arbeit hatte sie als freundlich und hilfsbereit gegolten, aber auch als verschlossen. Eines war mir beim Lesen allerdings ins Auge gesprungen: Barbara Drewitz war am Vorabend des Mordes vorzeitig von einer Dienstreise zurückgekehrt. Sie hatte die Reise einen Tag früher abgebrochen und war abends gegen sieben Uhr in Tegel gelandet. Warum, fragte ich mich. Um jemanden zu treffen? Hatte sie während der Reise mit jemandem in Berlin telefoniert? Die Gründe dafür waren unklar. Weder ihre Familie noch Kollegen wussten, warum sie früher nach Hause gekommen war.

Mir war jedoch aufgefallen, dass Melanies Vater, Werner Schäfer, ausgesagt hatte, am Abend vor dem Mord bei Barbara Drewitz gewesen zu sein. Es sei um den Unterhalt für Melanie gegangen. Hatte Barbara Drewitz ihre Dienstreise etwa abgebrochen, um ihren Ex zu treffen? Über Barbara Drewitz' ersten Mann stand in den Akten wenig. Er hatte nach der Trennung geheiratet, kurz darauf eine zweite Tochter bekommen, lebte jedoch inzwischen getrennt von der Mutter. Dass er zu Barbara

Drewitz und Melanie kaum noch Kontakt hatte, wusste ich bereits von meiner Auftraggeberin. Eine der Schwestern der beiden hatte außerdem ausgesagt, dass es Probleme mit den Unterhaltszahlungen für Melanie gegeben hatte und dass Schäfer vermutlich Geldprobleme habe. Das angebliche Alibi von Werner Schäfer, der angegeben hatte, die ganze Nacht in der Wohnung seiner Eltern verbracht zu haben, war nicht überprüft worden. Hier wollte ich später unbedingt noch mal ansetzen, doch zunächst stand Christians Entlastung an erster Stelle.

Ein paar Tage später nahm ich mir den Hinterhof vor, in dem die Unterlagen der Toten gefunden worden waren. Der Hof gehörte zu dem Krankenhaus, in dem Christian bis zu seiner Verhaftung seinen Zivildienst abgeleistet hatte. Darauf befanden sich eine Halle, die laut Christian als Materiallager benutzt wurde, sowie mehrere Abfallcontainer. Christian kannte das Materiallager, weil er ein paar Monate vor dem Mord einmal Stühle von dort hatte holen müssen, hatte den Hof nach eigener Aussage seitdem aber nie wieder betreten. Die Station, in der Christian gearbeitet hatte, lag in einem ganz anderen Straßenzug, einige Hundert Meter Luftlinie entfernt. Zu Fuß war es noch weiter. Christian hätte während seiner Arbeitszeit also nicht mal eben schnell auf den Hof gehen und die Unterlagen entsorgen können. Auch sein Arbeitsweg führte nicht an dem Gelände vorbei.

Auf der Straße, an der der Hof lag, war an diesem Morgen viel Verkehr. Autofahrer auf dem Weg zur Arbeit,

Fußgänger, die zu der einige Hundert Meter entfernten Straßenbahnhaltestelle liefen oder von dort kamen. Ich parkte und überquerte die Fahrbahn. Wie ich vermutet hatte, war der Hof frei zugänglich. Die beiden Flügel des schmiedeeisernen Tores standen weit offen. Eine Schranke, geschweige denn ein Pförtnerhäuschen gab es nicht. An den Hof grenzten die Hallen an, die als Materiallager dienten, sowie eine Werkstatt für Zahntechnik. Die Container waren von der Straße aus nicht zu sehen, erst als ich ein paar Schritte auf die Mitte des Hofes zu gemacht hatte, sah ich sie nebeneinander aufgereiht an einer Mauer stehen: Die angerosteten Metallbehälter waren zur Hälfte überdacht, aber nicht verschlossen. Ich ging auf den ganz linken zu, in dem die Unterlagen gefunden worden waren – leere Kartons, Broschüren, alte Zeitungen. Wer auch immer die Papiere von Barbara Drewitz hier abgelegt hatte, ging davon aus, dass die Unterlagen hier nicht weiter auffallen würden. Die Männer, die sie schließlich gefunden hatten, waren sie nur deshalb darauf aufmerksam geworden, weil sie einen Artikel über den Doppelmord in der Zeitung gelesen hatten und Barbara Drewitz' Name auf einigen der Seiten als Adressat auftauchte.

Als ich mich umdrehte, sah ich einen jungen Mann mit einem großen Plastikbehälter unter dem Arm auf mich zukommen. Grüner Kittel, Gesundheitslatschen, gelangweilter Blick. Offenbar ein Krankenpfleger oder Zivildienstleistender. Dass ich in den Müllcontainern herumwühlte, schien ihn nicht weiter zu wundern.

»Entschuldigen Sie«, sprach ich ihn an. »Der Hof hier, wird der nachts abgeschlossen?«

»Nee, das Tor ist immer offen. Das Zeug hier wird ja wohl keener klauen«, antwortete er grinsend und klopfte an den Behälter unter seinem Arm. Der Junge war inzwischen bei den Containern angekommen. Der Behälter, den er trug, verströmte einen bestialischen Gestank.

Angewidert drehte ich mich weg.

»Sind alles natürliche Abfälle«, lachte er und stellte den Behälter vor sich auf den Boden. »Woll'n Se mal reinschauen?« Bevor er den Deckel anheben konnte, trat ich den Rückzug an. Der Ausflug hatte seinen Zweck erfüllt. Ich wusste jetzt, dass jeder Fremde den Hof unbeobachtet und ohne genaue Kenntnisse des Krankenhausgeländes betreten und die Unterlagen von Barbara Drewitz auf dem Gelände deponiert haben konnte.

Auf dem Rückweg ins Büro fiel mir noch etwas ein: Nicht nur Christians, auch Barbara Drewitz' Arbeitsstelle lag nicht weit entfernt vom Hof des Materiallagers. Theoretisch hätte sie die Unterlagen sogar selbst hier entsorgen können. Die Polizei ging zwar davon aus, dass es der Täter gewesen sein musste, der die Aktentasche des Opfers gestohlen und später die Papiere weggeworfen hatte. Doch niemand konnte mit Sicherheit sagen, dass die Papiere nicht schon vor dem Mord in dem Container abgelegt worden waren. Auch dass sie sich zuletzt in der verschwundenen Aktentasche befunden hatten, hatte kein Zeuge bestätigen können.

Einige Tage später fuhr ich zum Tatort, der bereits vor Wochen freigegeben worden war. Das Grundstück wirkte verlassen und trostlos. Der Rasen war von einer dichten braunen Laubschicht bedeckt, auch auf den Weg, der von der Gartenpforte zum Haus führte, waren vertrocknete Blätter geweht. Niemand hatte sie weggefegt, niemand hatte die Sträucher beschnitten oder das Unkraut aus dem kleinen Blumenbeet an der Hauswand entfernt. Mit Latexhandschuhen und verschiedenen Plastik- und Papiertüten ausgestattet, stapfte ich auf die Eingangstür zu. Von außen deutete nichts darauf hin, dass in diesem Haus ein Verbrechen geschehen war. Der Brand hatte an der Fassade keine Spuren hinterlassen. Von innen glich das Haus jedoch einer Müllkippe. Böden, Wände und Möbel waren verbrannt oder verkohlt. Ruß und Asche hatten sich nicht als feiner Staub abgesetzt, sondern sich wegen des Löschwassers als dickliche dunkle Masse daraufgelegt. Dort, wo die Polizeibeamten durch den Raum gegangen waren und ihn untersucht hatten, war der Ruß verwischt. Es musste eine Sisyphus-Arbeit gewesen sein, in diesem Chaos die Brandursache zu ermitteln und nach verwertbaren Spuren zu suchen. Die Wahrscheinlichkeit, dass ich noch etwas finden würde, was die Polizei übersehen hatte, war gleich null. Schritt für Schritt nahm ich mir jeden Raum vor: den Flur, die Küche, das Wohnzimmer, in dessen Decke ein riesiges Loch klaffte, die zwei Schlafzimmer im ersten Stock – ohne Ergebnis. Als Letztes betrat ich das Badezimmer. Ich kontrollierte Boden und Wände, die Badewanne, die Toilette, öffnete den Badezimmerschrank. Nichts. Als ich mich über das Waschbecken beugte, entdeckte ich auf der Ablagefläche eine feine Linie, die sich unter der schwarzen Schicht abzeichnete. Ein Haar. Da es mit Ruß bedeckt war, musste es eindeutig schon vor dem Brand dort gelegen haben. Vorsichtig verstaute ich es in einer der mitgebrachten Tüten, um es später Christians Anwalt zu übergeben. Dann stieg ich die Treppe ins Wohnzimmer hinunter und schloss nach einem letzten prüfenden Blick durch den Raum die Eingangstür hinter mir, froh, das halbverkohlte Haus endlich wieder zu verlassen.

Anschließend klingelte ich bei den Nachbarn. Denn wir brauchten Zeugen aus Barbara Drewitz' Umfeld, die bestätigen konnten, dass die Beziehung zwischen Christian und seiner Tante rein familiär gewesen war. Außer der Umarmung zwischen den beiden, die das zehnjährige Nachbarsmädchen beobachtet hatte, hatte die Polizei nämlich nichts in der Hand. Die Familienmitglieder hatten bereits ausgesagt, dass sie eine sexuelle Beziehung der beiden für völlig ausgeschlossen hielten und dass auf der Geburtstagsfeier des Vaters nichts darauf hingedeutet habe, dass die beiden sich später am Abend noch treffen wollten.

Ich sprach mit den Familien, die nebenan sowie direkt gegenüber von Barbara Drewitz' Haus wohnten, außerdem mit einem älteren Ehepaar und einer alleinstehenden alten Dame. Ich merkte schnell, dass die Nachbarn Barbara Drewitz und ihre Tochter gemocht hatten. Und dass der Mord sie beunruhigte. Deshalb waren sie gern bereit, meine Fragen zu beantworten. Wie ich gehofft hatte, hatte keiner von ihnen je beobachtet, dass es zwischen dem Mordopfer und Christian zu einem Kuss oder sonstigen Zärtlichkeiten gekommen war. Keiner hatte Christian nachts oder in den frühen Morgenstunden aus dem Haus schleichen sehen. Die Nachbarn waren sich einig, dass er ohnehin nur alle paar Wochen dort gewesen sei, und wenn, dann habe man ihn im Garten am Auto werkeln sehen. Einig waren sie sich auch darin, dass Barbara Drewitz eine sehr nette und hilfsbereite, wenn auch zurückhaltende Frau gewesen sei und dass derjenige, der ihr das angetan hatte, für immer hinter Gitter gehörte. Über die Tatnacht wussten die Nachbarn wenig zu berichten, außer dass in dieser Nacht die Straßenlaterne ausgefallen war. Ich notierte mir stichwortartig die Aussagen sowie die Namen der Nachbarn und machte mich auf den Rückweg.

Was Christian und seine Verbindung zu Barbara Drewitz betraf, hatte ich getan, was ich tun konnte. Jetzt kam der zweite, schwierigere Teil meines Auftrags: die Suche nach dem Mörder von Barbara und Melanie Drewitz. Ich beschloss, dass es Zeit für ein zweites Gespräch mit meiner Auftraggeberin war. Wenn ich herausfinden wollte, wer als Täter in Frage kam, musste ich mehr über Barbara Drewitz erfahren. Außerdem wollte ich wissen, wen Beate Lotz und ihr Mann für den Täter hielten. Ich war mir sicher, dass sie einen konkreten Verdacht hatten.

Wir trafen uns erneut in meinem Büro. Ich erzählte Beate Lotz, was ich bisher herausgefunden hatte, und stellte ihr Fragen zu ihrer Schwester – den Männern in ihrem Leben, ihrer Arbeit, ihrer psychischen Verfassung. Beate Lotz zögerte mit ihren Antworten, nicht nur, weil die Sache ihr sehr nahe ging. Sie fühlte sich sichtlich unwohl, einem Fremden intime Details über das Privatleben ihrer Schwester zu verraten – verständlicherweise. Doch ich blieb hartnäckig und erfuhr Stück für Stück, dass es ihrer Schwester schon seit einiger Zeit nicht gut gegangen war. Nachdem ihr Mann sie verlassen hatte, war sie eine Zeit lang psychologisch betreut worden, aber niemand aus der Familie wusste darüber Genaueres. Beate Lotz vermutete, dass ihre Schwester unter Depressionen gelitten hatte, die durch die Trennung von ihrem Mann ausgelöst oder verstärkt worden waren. Nachdem Michael Drewitz seine Frau verlassen hatte, hatte diese sich noch stärker in ihr Schneckenhaus zurückgezogen, sich kaum noch bei ihren Geschwistern gemeldet und besonders mit Männern kaum noch ein Wort gewechselt. Das sei allen in der Familie aufgefallen. Beate Lotz hatte das Gefühl gehabt, ihre Schwester habe vor Männern Angst gehabt. Christian sei eine der wenigen Ausnahmen gewesen. Vermutlich, weil sie ihn schon als kleines Baby gekannt und ihn aufwachsen gesehen hatte.

»Frau Lotz, was glauben Sie, warum Ihre Schwester mit Männern Schwierigkeiten hatte? Hatten sie und Michael Drewitz oft Streit? Hat er sie jemals geschlagen oder ihr sonst etwas angetan?«, fragte ich.

»Nein, der Michael bestimmt nicht«, antwortete Beate Lotz entschieden. »Ich hatte immer das Gefühl, dass die beiden sehr glücklich waren. Aber …« Sie hielt inne.

Ich nickte ihr aufmunternd zu.

»Aber ihr erster Mann, der Werner Schäfer …« Wieder zögerte sie lange. »Nach außen hin konnte er unheimlich nett sein, ein richtiger Charmeur. Aber für mich ist er ein Mann mit zwei Gesichtern. Er konnte sehr leicht ausrasten, ist schnell jähzornig geworden, wenn ihm etwas nicht gepasst hat. Ich glaube auch, dass er sie manchmal geschlagen hat.«

»Hat sie Ihnen davon erzählt?«

»Nein, aber die Melanie. Das ist jetzt etwa anderthalb Jahre her. Meine Schwester und Werner Schäfer hatten sich gestritten, Melanie meinte, es ging um irgendwelche Kontonummern. Und dann hat er Barbara wohl zwei- oder dreimal ins Gesicht geschlagen. So hat es jedenfalls die Kleine erzählt. Und unserer Schwester Simone hat Barbara sogar mal damit gedroht, den Kontakt zu ihr abzubrechen. Nur weil Simone den Schäfer zufällig in der S-Bahn getroffen und sich kurz mit ihm unterhalten hat.«

»Haben Sie Ihre Schwester darauf angesprochen?«

»Ja, aber sie wollte nicht darüber reden. Ich glaube, sie hatte Angst vor ihm. Einmal hat sie auch gesagt, dass er ihr gedroht hat. Aber worum es da ging, wollte sie mir nicht sagen.«

»Würden Sie Herrn Schäfer einen Mord zutrauen?«, fragte ich meine Klientin geradeheraus.

Sie zögerte lange, dann antwortete sie: »Ja, das würde ich.«

Wir vereinbarten, dass sie das, was sie mir erzählt hatte, bei der Polizei zu Protokoll geben würde. Vielleicht würde es die Beamten dazu bringen, Werner Schäfer noch mal genauer unter die Lupe zu nehmen. Unterdessen nahm ich Kontakt mit einigen Bekannten und Kollegen von Barbara Drewitz auf, deren Namen mir Beate Lotz genannt hatte. Die Gespräche bestätigten jedoch nur, was ich bereits wusste: Die Tote hatte keine engen Freunde gehabt, denen sie von privaten Problemen erzählt hätte. Vertraulichere Gespräche hatte es nur mit dem Vorsitzenden des Personalrats gegeben. Der pochte jedoch auf seine Schweigepflicht und weigerte sich hartnäckig, mir über die Inhalte der Gespräche Auskunft zu geben. Von Beate Lotz erfuhr ich noch, dass ihre Schwester den Sommerurlaub vor dem Mord in einem Ferienlager in Polen verbracht hatte. Sie hielt es für möglich, dass Barbara dort jemanden kennengelernt hatte. Genauere Anhaltspunkte hatte sie jedoch nicht, und so lief auch dieser Hinweis ins Leere.

Anschließend befasste ich mich eingehender mit Barbara Drewitz' Ex- beziehungsweise Noch-Ehemann. Immerhin hatte er aus ihrem Tod einen finanziellen Nutzen gezogen. Ich nahm mir die Akte noch mal vor. Dabei fiel mir auf, dass sein Alibi nicht für die gesamte Nacht galt. Der Polizei hatte das offenbar genügt, und sie hatte keine weiteren Ermittlungen zu seiner Person durchgeführt. Theoretisch hätte er jedoch nach seiner Abendverabredung genug Zeit gehabt, um von Hannover nach Berlin zu fahren und morgens wieder pünktlich bei der Arbeit zu sein. Doch bei längerem Überlegen kam mir das unwahrscheinlich vor. Drewitz hätte ordentlich Gas geben müssen, und auch dann hätte er erst spät in der Nacht beim Haus seiner Frau ankommen können. Vor Ort hätte er schnell und präzise handeln und unmittelbar nach der Tat wieder aufbrechen müssen, um rechtzeitig zurück in Hannover zu sein. Der Spurenlage zufolge hatte sich der Täter jedoch die Zeit genommen, ein Glas Wein mit Barbara Drewitz zu trinken. Dann, nachdem er seine Opfer getötet und angezündet hatte, musste er eine Weile abgewartet und kontrolliert haben, ob der Schwelbrand auch tatsächlich in Gang kam. Anschließend hatte er aller Wahrscheinlichkeit nach die Papiere von Barbara Drewitz in dem Container entsorgt. All das hätte Michael Drewitz in der Zeit, für die er kein Alibi besaß, nicht schaffen können.

Außerdem konnte er nicht am Abend zuvor in Berlin gewesen sein, um die Sicherungen herauszudrehen. Und waren 20 000 D-Mark wirklich ein ausreichender Grund, seine Expartnerin und ein unschuldiges kleines Mädchen zu töten?

Blieb eigentlich nur Werner Schäfer. Ich wusste, dass er für meine Auftraggeberin der Hauptverdächtige war, und ich war mehr und mehr geneigt, mich ihrem Verdacht anzuschließen. Ich rief Beate Lotz an und bat sie um mehr Informationen, doch viel konnte sie mir nicht über Melanies Vater sagen. Soweit sie wusste, führte er seit einiger Zeit ein unstetes Leben. Barbara Drewitz hatte nicht gewusst, womit er sein Geld verdiente. Für Beate Lotz war er ein Traumtänzer, einer, der ständig neue Ideen im Kopf hatte, aber in Wirklichkeit nicht wusste, wo er hingehörte und was er mit seinem Leben anfangen sollte. Offiziell wohnte er seit der Trennung von seiner Ehefrau bei seinen Eltern, doch die bekamen ihn manchmal tagelang nicht zu Gesicht, wie sie Barbara Drewitz erzählt hatten. Manchmal verschwand er, ohne eine Nachricht zu hinterlassen, und kehrte erst Tage oder Wochen später zurück. Niemand schien zu wissen, wo er dann unterkam und was er während dieser Zeit anstellte. Einen festen Job hatte er damals nicht.

Während ich noch überlegte, wo ich am besten ansetzen konnte, rief mich Christians Anwalt an. Er hatte Neuigkeiten. Das Alibi von Werner Schäfer war überprüft worden: Dabei hatte sich herausgestellt, dass er erst um halb elf in der elterlichen Wohnung eingetroffen war. Für die Zeit davor hatte er keine Zeugen. Gegen drei Uhr hatte er die Wohnung erneut verlassen und war erst um fünf zurückgekehrt. Angeblich hatte er diese zwei Stunden in der Wohnung seiner Frau verbracht. Doch die hatte den Beamten auf deren Anfrage hin mitgeteilt, Schäfer sei höchstens zehn Minuten bei ihr gewesen. Und habe sich dabei ziemlich merkwürdig verhalten. Er sei mitten in der Nacht bei ihr aufgekreuzt, habe sie geweckt und um schmerzlindernde Tabletten gebeten. Darüber habe sie sich gewundert, weil Schäfer sich normalerweise heimlich in die Wohnung schlich, wenn er etwas brauchte – einen Schlüssel hatte er noch. Außerdem hätte Schäfer laut seiner Frau wissen müssen, dass sie keine Schmerzmittel besaß. Die einzigen Schmerzmittel, die sich in der Wohnung befanden, hätte er selbst vor Kurzem angeschafft. Und die hätten sich noch genau dort befunden, wo er sie nach dem Kauf deponiert hatte: in seinem Fach im Badezimmerschrank.

Nachdem der Anwalt aufgelegt hatte, war ich mir sicher, dass das die Wende im Mordfall Drewitz war. Werner Schäfer hatte für die Tatnacht kein Alibi – er hätte in der fraglichen Nacht zweimal die Möglichkeit gehabt, zu Barbara Drewitz zu fahren und sie und die gemeinsame Tochter zu töten. Er hatte zugegeben, am Vorabend des Mordes bei Barbara Drewitz gewesen zu sein. Bei dieser Gelegenheit konnte er die Sicherungen aus den Straßenlaternen gedreht haben. Außerdem hatte er sich in der Mordnacht auffällig verhalten: Warum hatte er ausgerechnet in dieser Nacht so starke Schmerzen bekommen, dass er es nicht mehr im Bett ausgehalten hatte? Und warum war er nicht einfach zu einer Apotheke gefahren, die Nachtdienst hatte, sondern hatte seine Frau aufgesucht?

Die nächsten Tage über warteten wir gespannt auf die Reaktion der Staatsanwaltschaft. Diese hatten die Verdachtsmomente gegen Werner Schäfer offenbar nicht weiter irritiert, denn kurz darauf beantragte sie, das Hauptverfahren gegen Christian Lotz einzuleiten. Nicht nur ich, auch Beate Lotz und Christians Anwalt waren fassungslos. Die Argumentation der Staatsanwaltschaft lautete: Christian habe ein enges Verhältnis zu seiner Tante gehabt und in sexueller Hinsicht etwas von ihr gewollt, sie jedoch habe ihn zurückgewiesen. Sein Alibi für die Tatnacht weise Lücken auf. Und er habe das Materiallager, auf dessen Gelände die Unterlagen gefunden worden waren, gekannt. Außerdem hatte Christian ausgesagt, dass es abends vor dem Haus seiner Tante sehr dunkel sei. Da die Laternen erst am Abend vor dem Mord ausgefallen seien, beweise diese Aussage – so die Schlussfolgerung der Staatsanwaltschaft –, dass Christian in der Tatnacht oder im Lauf des Tages dort gewesen sein musste.

Christians Anwalt reagierte umgehend und legte Widerspruch ein. Punkt für Punkt legte er dar, warum die Indizien gegen Christian nicht stichhaltig waren. Er verwies auf die Aussagen der Nachbarn, die keinerlei Anzeichen für ein Liebesverhältnis zwischen dem Jungen und seiner Tante bemerkt hatten, und stellte klar, dass das Materiallager für jedermann zugänglich war. Auch die Schlussfolgerung bezüglich der Lampen entkräftete er: Weil sich die nächste Straßenlaterne in erheblicher Entfernung auf der anderen Straßenseite befand, war es direkt vor dem Haus der Opfer grundsätzlich ziemlich dunkel. Die Tatsache, dass die Lampen in der Mordnacht nicht brannten, konnte die Lichtverhältnisse direkt vor dem Haus der Familie Drewitz kaum beeinflusst haben. Außerdem machte der Anwalt die Indizien gegen Werner Schäfer geltend. Und dann war da noch das Haar, das ich gefunden hatte. Ich hatte sehr gehofft, dass es uns weiterbringen würde, doch die Tests hatten ergeben, dass es zu Barbara Drewitz gehörte. Kein neuer Hinweis auf den Täter. Doch immerhin konnte Christians Anwalt mithilfe des Haars die mangelhafte Spurensicherung am Tatort nachweisen.

Auf die Einreichung des Anwalts folgte eine lange Woche, in der wir nichts tun konnten, als die Beratungen des Gerichts abzuwarten. Dann kam die erlösende Nachricht. Das Gericht hatte entschieden, der Argumentation von Christians Verteidiger zu folgen. Für einen hinreichenden Tatverdacht mangele es an Tatzeugen. Außerdem ergäben die Anhaltspunkte der Anklage weder einzeln noch in ihrer Gesamtheit eine Indizienkette. Der Haftbefehl gegen Christian wurde aufgehoben. Nach einem halben Jahr hinter Gittern war er endlich wieder frei. Werner Schäfer legte, zu meiner großen Überraschung, kurz darauf Beschwerde gegen die Aufhebung des Haftbefehls ein, dem jedoch nicht stattgegeben wurde.

Christian war endlich wieder auf freiem Fuß, doch meine Arbeit an dem Fall ging weiter. Die Staatsanwaltschaft unternahm trotz der vorliegenden Indizien keine Anstalten, ein Ermittlungsverfahren gegen Werner Schäfer einzuleiten. Die offiziellen Untersuchungen kamen keinen Schritt voran.

Also bat mich Beate Lotz, Schäfer einige Tage zu observieren. Es war inzwischen Herbst geworden, und bald würde sich der Mord an Barbara und Melanie Drewitz jähren. Beate Lotz hoffte, dass Schäfer sich am Jahrestag des Doppelmordes oder in den Tagen davor durch irgendetwas verraten würde. Ich riet ihr davon ab, weil ich nicht glaubte, dass ich Schäfer bei irgendetwas beobachten würde, was ihn mit der Tat in Verbindung brachte. Ich habe einmal in einem anderen Mordfall ermittelt, bei dem wir am Todestag der Ermordeten das Grab überwachen sollten, in der Hoffnung, der mutmaßliche Täter würde sich dort blicken lassen und sich durch irgendetwas verraten. Außer mir war an dem Fall noch ein Psychologe beteiligt, der versuchen sollte, aus dem Verhalten des mutmaßlichen Täters am Grab Schlüsse zu ziehen. Also besorgte ich mir vom Friedhofswärter die Erlaubnis, in der Nähe des Grabes eine Kamera zu installieren und eine Autobatterie zu vergraben, die die Kamera mit Strom versorgte. Ich packte die Batterie in eine Aluminiumkiste, die eigentlich zur Aufbewahrung von Tiefkühlfleisch gedacht war, verbuddelte sie in der Nähe des Grabes und streute anschließend Laub über die Stelle. Am Jahrestag des Mordes kam der mutmaßliche Täter tatsächlich ans Grab. Während der Viertelstunde, die er dort stand, starrte er grimmig auf den Grabstein. Vielleicht haderte er mit sich, vielleicht mit der Toten, vielleicht auch mit Gott und der Welt, wer weiß. Hinter seiner gerunzelten Stirn hätten sich alle möglichen Gedanken verbergen können. Der Psychologe stellte im Nachhinein große Überlegungen an und schrieb ein zehnseitiges Gutachten – bei dem aber eigentlich nichts herauskam außer einer saftigen Rechnung für den Auftraggeber. Alles andere hätte mich auch gewundert.

Doch Beate Lotz bestand auf der Beschattung, und so heftete ich mich, kurz bevor der Mord an Barbara und Melanie Drewitz sich jährte, an Schäfers Fersen. Schäfer hatte inzwischen einen Job als Lagerarbeiter, dem er tagsüber nachging. Die Abende verbrachte er in der Wohnung seiner Eltern, einmal ging er allein Bier trinken, in einer Kneipe um die Ecke. Am Grab der Toten ließ er sich nicht blicken, auch nicht am Jahrestag des Mordes. Er benahm sich weder auffällig noch ungewöhnlich. Die Observation endete nach wenigen Tagen, ohne greifbare Ergebnisse.

Wir brauchten einen neuen Ansatzpunkt, um mehr über Schäfer zu erfahren. Der einzige Mensch, der Schäfer nicht nur gut kannte, sondern möglicherweise auch bereit sein würde, mit mir zu sprechen, war seine Frau Ursula. Die beiden waren schon länger kein Paar mehr, und dass sie der Polizei von seinem merkwürdigen Besuch in der Tatnacht erzählt hatte, legte nahe, dass sie sich ihm gegenüber nicht zu Loyalität verpflichtet fühlte. Ich rief Ursula Schäfer an und sagte ihr, dass ich im Mordfall Drewitz ermittelte und gern mit ihr über ihren Mann sprechen würde. Nach kurzem Zögern erklärte sie sich bereit, mich zu treffen.

Ein paar Tage später saß ich am Küchentisch von Ursula Schäfer, vor mir eine Tasse, in der Mitte des Tisches ein halbvoller Aschenbecher. Ihre Tochter war noch in der Schule. Die beiden lebten in einer Zweizimmerwohnung im sechsten Stock eines Plattenbaus. Ursula Schäfer musste früher sehr hübsch gewesen sein, doch davon war nicht mehr viel übrig. Ihre Haut war fahl, die Augen müde und von dunklen Rändern unterlaufen. Man sah ihr an, dass das Leben es nicht immer gut mit ihr gemeint hatte. Und dass sie die Finger nicht von den Zigaretten lassen konnte. Sie wirkte wie Ende vierzig, dabei wusste ich aus den Akten, dass sie erst neununddreißig war.

»Frau Schäfer«, begann ich, während sie sich nervös eine Zigarette anzündete, »Sie haben der Polizei erzählt, dass Ihr Mann Sie in der Mordnacht geweckt hat, weil er Schmerzmittel gesucht hat, und dass Ihnen das seltsam vorkam. Ist Ihnen in den Tagen vor oder nach dem Mord noch irgendetwas an Ihrem Mann aufgefallen?«

Sie nahm einen tiefen Zug und nickte dann langsam.

»Den Tag nach dem Mord hat er komplett im Bett verbracht, weil es ihm nicht gut ging. Nur abends war er noch mal kurz für eine Stunde draußen.«

Ich wurde hellhörig. Wenn Werner Schäfer am Abend nach dem Mord noch mal draußen gewesen war, hätte er Barbara Drewitz' Papiere während dieser Stunde ohne Probleme auf dem Wertstoffhof deponieren können.

»Das weiß ich von seinen Eltern«, fuhr Ursula Schäfer fort. »Die haben mich angerufen, weil sie beunruhigt waren, als er abends noch mal rausging. Dachten, dass er vielleicht zu mir gefahren ist. Aber bei mir war er nicht. Eine Stunde später haben sie noch mal angerufen, um mir Bescheid zu geben, dass er wieder da ist.«

»Haben Sie noch viel Kontakt zu Ihren Schwiegereltern?«

»Ach«, sagte sie und zuckte die Achseln. »Ab und zu. Die Kleine besucht die beiden alle paar Wochen. Manchmal holen sie sie auch ab.«

»Wissen Sie, was für Schmerzen Ihr Mann hatte? Und warum?«

»Er hatte sehr schlimme Kopfschmerzen. Und Zahnschmerzen, hat er gesagt. Mit den Zähnen hatte er sowieso immer Probleme. Jedenfalls hat er wohl die halbe Woche nur im Bett gelegen.«

Ich nickte. Und fragte mich, ob es wirklich Zufall sein konnte, dass Werner Schäfer ausgerechnet von der Nacht an, in der seine Tochter und seine ehemalige Partnerin ermordet worden waren, plötzlich unter starken Schmerzen litt? Natürlich leiden manche Menschen auch physisch, wenn der Ehemann, die Frau oder ein enger Angehöriger gestorben ist. Doch wenn Schäfer nicht der Täter war, konnte er, genau wie die Familie von Barbara Drewitz, erst zwei Tage nach dem Mord davon erfahren haben. Seine Schmerzen hatten aber bereits in der Mordnacht eingesetzt. Hatte sein schlechtes Gewissen und das Entsetzen über die eigene Tat die Schmerzen ausgelöst? Egal, was der Grund dafür war, es würde uns vor Gericht vermutlich nicht weiterhelfen. Ich beschloss, das Gespräch in eine andere Richtung zu lenken.

»Das ist jetzt eine sehr persönliche Frage, aber ich würde gern wissen, warum Sie und Ihr Mann sich getrennt haben«, fragte ich.

Ursula Schäfer spielte nervös mit der Zigarette in ihrer Hand, der vierten oder fünften. Es dauerte eine ganze Weile, bis sie endlich antwortete.

»Wissen Sie, Werner konnte sehr wütend werden. Wenn wir uns gestritten haben oder wenn ihm etwas nicht gepasst hat, dann ist er manchmal total ausgerastet. Hat mich angebrüllt und mir ein paar runtergehauen. Er ist ein richtiger Choleriker. Das habe ich auch der Polizei gesagt. Einige Monate vor dem Mord hat er mich so schlimm verprügelt, dass die Nachbarn nebenan die Polizei gerufen haben. Die ist dann auch prompt bei uns angerückt.«

Ich war baff. Die Polizei hatte über Schäfers Gewaltbereitschaft Bescheid gewusst und ihn dennoch nicht als Täter im Mordfall Drewitz in Betracht gezogen?

»Jedenfalls hatte ich richtig Angst vor ihm.« Ursula Schäfer starrte in den Aschenbecher. »Ich hatte auch Angst, dass er meiner Kleinen etwas tun könnte. Und da habe ich ihn irgendwann rausgeworfen. Ein paar Monate vor dem Mord muss das gewesen sein. Werner ist dann zu seinen Eltern gezogen. Aber er kam immer noch manchmal vorbei. Er hatte ja damals noch seinen Schlüssel. Jetzt haben wir keinen Kontakt mehr. Und den Schlüssel hab ich auch wieder.« Sie sah an mir vorbei aus dem Fenster. »Aber er lässt mich trotzdem nicht in Ruhe. Manchmal steht er unten vorm Haus und guckt zu unserer Wohnung hoch. Neulich hat er mich bei der Arbeit abgepasst und ist mir hinterhergegangen. Bis zur Haustür. Der ließ sich einfach nicht abschütteln. Manchmal habe ich solche Angst«, flüsterte sie.

Ich fragte Ursula Schäfer, ob sie schon zur Polizei gegangen war. Sie verneinte und meinte, dass die Polizei sowieso nichts unternehmen werde. Wahrscheinlich hatte sie sogar recht. Solange Schäfer sie nicht bedrohte, waren den Beamten die Hände gebunden. Stalking oder, wie es offiziell heißt: Nachstellung, galt damals noch nicht als Straftatbestand. Während Ursula Schäfer schwieg, musste ich wieder an Schäfers merkwürdige Schmerzen in der Mordnacht denken. Und plötzlich kam mir ein Gedanke.

»Frau Schäfer, Sie haben vorhin gesagt, dass Ihr Mann häufiger Probleme mit den Zähnen hat. Was für Probleme sind denn das?«

»So genau weiß ich das nicht. Aber er hat eine Schiene, die er nachts tragen muss, so eine Spezialanfertigung.«

Schäfer trug also regelmäßig eine Zahnschiene. Und neben den Müllcontainern, in denen Barbara Drewitz' Unterlagen gefunden worden waren, befand sich eine zahntechnische Werkstatt. Konnte das noch Zufall sein? Leider wusste Ursula Schäfer nicht, wo die Schienen ihres Mannes hergestellt und angepasst wurden.

Nach dem Gespräch rief ich in der Werkstatt an, bekam aber trotz langem Hin und Her keine Auskunft darüber, ob Schäfer dort Kunde war oder nicht. Aber immerhin, es war möglich, dass Schäfer seine Zahnschienen von dort bezog und das Materiallager kannte.

Anschließend rief ich den Anwalt der Familie Lotz an und erzählte ihm, was ich erfahren hatte – und dass Ursula Schäfer bereit war, ihre Aussagen vor der Polizei zu wiederholen. Mit diesen neuen Erkenntnissen standen die Chancen gut, dass die Staatsanwaltschaft nun offiziell gegen Schäfer ermitteln würde. Dachte ich. Die Beamten dachten offenbar anders über die Sache. Nichts geschah. Kein Haftbefehl gegen Werner Schäfer, keine Ermittlungen. Das Einzige, was passierte, war, dass meine Familie und ich in den folgenden Wochen immer wieder mitten in der Nacht aus dem Schlaf gerissen wurden, weil Ursula Schäfer anrief, um Mitternacht und sogar noch später. Jedesmal behauptete sie, Werner Schäfer stehe unten vorm Haus, und sie habe Angst. Einmal klingelte sie sogar an meiner Tür. Es war kurz nach drei. Ursula Schäfer war völlig neben der Spur, wirkte hysterisch. Sie wollte unbedingt, dass ich mit zu ihrer Wohnung kam und Schäfer von ihrem Haus vertrieb. Ich sah, dass sie völlig verängstigt war, also ging ich mit. Doch als wir vor ihrem Haus ankamen, war von Schäfer nichts zu sehen. Entweder war er inzwischen gegangen, oder sie hatte sich das Ganze nur eingebildet. Ich versuchte, sie zu beruhigen und ihr klarzumachen, dass sie nicht mehr mitten in der Nacht bei mir anrufen, geschweige denn vor der Tür stehen konnte. Offenbar hatte sie die fixe Idee, ich als Detektiv könnte sie vor ihrem Ex beschützen. Ich sagte ihr, dass sie mich offiziell beauftragen könne, gegen Schäfer zu ermitteln. Doch das wollte sie nicht. Ich vermute, sie hätte es nicht bezahlen können. Ich riet ihr am Ende noch mal, sich an die Polizei zu wenden, doch darauf ging sie nicht weiter ein. Als sie zwei Nächte später wieder bei mir anrief, ging ich nicht ran. Es war fast schon absurd, in ihrer Suche nach Schutz vor ihrem stalkenden Ehemann war Ursula Schäfer quasi selbst zur Stalkerin geworden. In den nächsten Wochen stellte ich das Telefon vor dem Schlafengehen lautlos. Ihre Anrufe wurden seltener, und irgendwann blieben sie ganz aus. Auch meine Arbeit an dem Fall war kurz darauf beendet. Es gab keine neuen Hinweise, denen ich hätte nachgehen können, und Beate Lotz konnte meine Arbeit auch nicht länger bezahlen.

Etwa zwei Jahre nach dem Doppelmord wurde das Ermittlungsverfahren eingestellt. Beate Lotz und ihr Mann haben seitdem immer wieder versucht, eine Wiederaufnahme des Verfahrens zu erwirken. Sie wandten sich an die Staatsanwaltschaft, die Senatsverwaltung für Justiz, an verschiedene Gerichtsinstanzen und sogar an den Bürgermeister – ohne Erfolg.

Für Christian war es nicht leicht, mit den Ereignissen fertig zu werden. Die Zeit im Gefängnis und der Verdacht, der monatelang auf ihm gelastet hatte, hatten ihm psychisch ganz schön zugesetzt. Außerdem war er nicht freigesprochen worden. Das Gericht hatte lediglich entschieden, dass die Beweise nicht für die Aufnahme des Hauptverfahrens reichten. Theoretisch konnte, bei veränderter Beweislage, jederzeit wieder Anklage gegen ihn erhoben werden. Ganz zu schweigen von dem Eintrag in seiner Polizeiakte, den er bis ans Ende seines Lebens nicht mehr loswerden würde.

Vor einigen Jahren hatte es noch mal so ausgesehen, als ob es eine Wende in dem Fall geben würde. Eine anonyme Anruferin teilte der Polizei mit, jemand habe sich ihr als Täter offenbart. Seinen Namen wollte sie jedoch nicht nennen, aus Angst, er könnte es herausfinden und sich an ihr rächen. Die Frau ließ nie wieder von sich hören. Und die Polizei hatte den Anruf nicht zurückverfolgen können. Die Ermittlungen zu dem Fall wurden noch einmal aufgenommen, vermutlich jedoch nur pro forma, jedenfalls erzielten sie kein Ergebnis.

Alle paar Jahre höre ich noch etwas von Beate Lotz. Mit dem Tod ihrer Schwester hat sie nie abschließen können. Sie hofft immer noch, dass die Polizei die Ermittlungen wiederaufnehmen und den Mörder überführen wird. Dass ihrer Schwester Gerechtigkeit widerfährt. Und sie selbst endlich zur Ruhe kommen kann.

GRIECHISCHE VERHÄLTNISSE

Früher dachte ich immer, im Alter ist es irgendwann vorbei mit Liebesdramen, Eifersucht und Herzschmerz. Ich dachte, wenn man erst mal über sechzig oder siebzig ist, sieht man das Leben gelassener, weil man schon so viele Höhen und Tiefen erlebt hat, dass einen sowieso nichts mehr aus der Fassung bringen kann. Aber dann lernte ich Luise Hansen kennen. Luise Hansen war siebenundsiebzig, ihr Mann Gerd Ende sechzig. Die beiden waren seit über dreißig Jahren verheiratet. Und jetzt wollte die alte Dame einen Detektiv engagieren, weil sie davon überzeugt war, dass ihr Mann sie mit einer anderen betrog.

Wir hatten miteinander telefoniert und uns darauf geeinigt, dass ich mit meiner Kollegin Julia nach Köln kommen und dort drei Tage lang beobachten würde – je nachdem, was dabei herauskam, wollte Luise Hansen entscheiden, ob sie uns ein zweites Mal »buchen« wollte, wie sie es nannte. Unser erstes Treffen fand in einem gediegenen Café in der Nähe des Rheins statt, Julia war noch in Berlin und konnte erst am folgenden Tag anreisen. Als ich die Tür öffnete und mich suchend umsah, winkte mir eine elegant gekleidete Dame zu und rief so laut, dass sich alle anderen Gäste umsahen: »Hallo, ich bin hier hinten!« Luise Hansen war groß und schlank. Sie trug ein schickes Kostüm, goldene Hängeohrringe und eine Perlenkette. Ihr Haar war schwarz gefärbt, das Gesicht stark geschminkt, ein bisschen zu viel für meinen Geschmack, aber alles in allem sah sie sehr gut aus für ihr Alter.

»Schön, dass Sie so schnell von Berlin rüberkommen konnten, setzen Sie sich doch!« Kaum hatte ich Platz genommen, schob sie mir auch schon die Karte herüber und meinte fröhlich: »Dann suchen Sie sich mal was Schönes aus. Sie haben ja eine lange Fahrt hinter sich!«

Bei Cappuccino und Torte erzählte sie mir, dass sie vor vielen Jahren schon mal einen guten Bekannten um Hilfe gebeten hatte, weil sie vermutete, dass ihr Mann fremdging.

Normalerweise binden Auftraggeber mir nicht gleich beim ersten Treffen auf die Nase, dass sie ihren Partner schon mal haben beschatten lassen. Meistens komme ich erst im Laufe der Arbeit dahinter – wenn ich zum Beispiel bemerke, dass eine der Zielpersonen sich extrem vorsichtig verhält. Da liegt die Schlussfolgerung nahe, dass sie zuvor schon mal beschattet wurde und jetzt misstrauisch ist. Luise Hansen hatte bei dem Thema jedenfalls überhaupt keine Scheu, das machte sie mir sofort sympathisch. Ihr Bekannter hatte damals nichts zutage fördern können, weil Gerd Hansen ihn schon beim zweiten Beschattungsversuch entdeckt hatte. Die meisten Leute stellen es sich ganz einfach vor, jemandem hinterherzufahren – man kennt das schließlich aus den Vorabendserien im Fernsehen. Die sind allerdings oft grottenschlecht gemacht und haben mit der Realität nichts zu tun. Dort verliert der Detektiv die zu beobachtende Person nie aus den Augen und fällt auch niemals auf. Der detektivische Alltag sieht jedoch ganz anders aus. Das merkt der Hobbydetektiv aber meist erst später, wenn das Kind in den Brunnen gefallen ist.

Luise Hansen war danach in große Erklärungsnot geraten. Für ihren Mann war es natürlich ein Riesenvertrauensmissbrauch, und er drehte den Spieß sofort um: Nicht er war der Übeltäter, im Gegenteil, sie war diejenige, die sein Vertrauen gebrochen hatte. Von diesem Vorfall hatte sich Luise lange nicht erholt. Ihr Mann hatte ihr die Überwachung und das angeblich unbegründete Misstrauen ständig unter die Nase gerieben. Es hatte Jahre gedauert, bis sich die beiden wieder zusammengerauft hatten. Jetzt meinte meine Auftraggeberin, bei ihrem Mann dieselben Anzeichen entdeckt zu haben wie damals – heimliche Telefonate, Anrufe, die er in ihrer Gegenwart nicht annahm, und wenn er unterwegs war, ging er nicht an sein Handy, wenn sie anrief. Außerdem hatte er angefangen, SMS zu verschicken, und schrieb ständig E-Mails – was er zuvor immer als unnützen neumodischen Quatsch abgetan hatte. Sie hatte auch schon einen ganz konkreten Verdacht.

Luise Hansen und ihr Mann besaßen gemeinsam mehrere Schönheitssalons in Köln und im Umland, die sie im Lauf der Jahre aufgebaut hatten. Während sie sich inzwischen weitgehend aus dem Tagesgeschäft zurückgezogen hatte, kümmerte er sich nach wie vor um die Finanzen, das Personal und alle möglichen geschäftlichen Probleme, die anfielen. Er war nach wie vor der Chef, der die Fäden zusammenhielt, und verbrachte jeden Tag mehrere Stunden in seinem Büro, das sich im Hinterzimmer eines der Salons befand. Dreimal die Woche kam eine junge Frau vorbei und machte bei den Kundinnen und Kunden Pediküre. Sie hieß Evgenia, war Anfang dreißig und stammte aus Griechenland. Luise Hansen war ihr bereits mehrmals begegnet, wenn sie ihren Mann in die Stadt begleitete und nach dem Shoppen im Salon vorbeischaute. Evgenia und sie hatten bei diesen kurzen Besuchen immer sehr nett miteinander geplaudert. Doch irgendwann fiel Luise Hansen auf, wie ihr Mann Evgenia ansah. Auf diese seltsame Art und Weise, bei der man nach so vielen Ehejahren einfach misstrauisch werden musste. Zudem berührte er sie zur Begrüßung am Arm und scherzte und lachte überhaupt sehr viel mit ihr.

Also beschloss Luise Hansen, die Besitzerin der Reinigung gegenüber ins Vertrauen zu ziehen. Die beiden kannten sich schon seit Jahren, und von ihrem Ladenfenster aus hatte die Dame den Schönheitssalon bestens im Blick.

»Und dann?«, fragte ich.

»Also, ich bin dann in den Urlaub gefahren. Ich hab's mit meiner Schwiegermutter einfach nicht mehr ausgehalten. Sie müssen wissen, Gerds Mutter wohnt zwei Straßen weiter und sitzt jeden Tag bei uns herum. Und andauernd hat sie was zu nörgeln. Entweder es zieht, oder der Kaffee ist zu heiß, oder das Schwarzbrot, das ich gekauft habe, ist zu hart. Und mein Mann ist fein raus, der ist ja tagsüber unterwegs und flirtet mit dieser Nageltussi – und mir steht's manchmal bis hier. Während ich also im Urlaub bin, fällt dem lieben Gerd nichts Besseres ein, als sich mit Evgenia zu treffen. Vier Mal! Stellen Sie sich das vor!«

»Hat die Frau von der Reinigung die beiden gesehen?«

»Hat sie! Als ich ihr nach dem Urlaub zwei Kleider vorbeigebracht hab, hat sie mir erzählt, dass Evgenia ein paarmal zu Gerd ins Auto gestiegen und mit ihm weggefahren ist. Und zur Begrüßung haben die beiden sich umarmt. Was sagen Sie dazu?«

Bevor ich antworten konnte, sprudelte sie schon weiter.

»Jedenfalls habe ich meinen Mann sofort darauf angesprochen, als ich aus dem Urlaub zurück war. Aber der hatte die Dreistigkeit, es abzustreiten. Er hätte sie bloß nach der Arbeit nach Hause gefahren, hat er gesagt, Na, wer's glaubt. Und Evgenia habe ich sofort gekündigt. Die soll sich in meinem Salon bloß nicht noch mal blicken lassen, dieses hinterhältige Luder!«

Wütend schlug sie mit der Faust auf den Tisch, sodass die beiden älteren Damen am Nebentisch zusammenfuhren.

»Beruhigen Sie sich, bitte«, bat ich sie. »Sie wollen doch nicht, dass das ganze Café mitkriegt, dass Ihr Mann Sie betrügt.«

Sie nickte, ein wenig erschrocken über sich selbst.

»Ahnt Ihr Mann denn, dass Sie einen Detektiv engagiert haben?«, versuchte ich das Gespräch auf praktische Fragen zu lenken.

»Nein, woher denn? Der hat keine Ahnung.«

Vielleicht hatte er das wirklich nicht. Aber er fragte sich bestimmt, wie seine Frau wissen konnte, dass er bei Evgenia gewesen war. Vielleicht vermutete er, dass seine Frau wie damals jemanden auf ihn angesetzt hatte. Das würde die Arbeit für Julia und mich nicht gerade leicht machen. Wir mussten extrem vorsichtig sein. Am besten, wir würden erst mal an Evgenia dranbleiben und Gerd Hansen eine Weile in Ruhe lassen.

Über Evgenias Tagesablauf wusste Luise Hansen leider wenig. Die Griechin fuhr nachmittags und an den Tagen, an denen sie nicht in den Salon kam, zu verschiedenen Privatkunden nach Hause. Allerdings machte sie auch einmal die Woche bei einer Freundin von Luise Hansen Maniküre und Pediküre. Sie hatte eigentlich längst vorgehabt, ihre Freundin einzuweihen, damit diese Evgenia nicht mehr buchte, aber jetzt kam uns das zu Hilfe. Da ich nicht wusste, wann Evgenias Arbeitstag begann, konnte ich einfach vor dem Haus der Freundin warten und ab da die Beobachtung aufnehmen. Schließlich zahlte meine Auftraggeberin, ich half ihr in den Kaschmirmantel, und wir verließen das Café.

Am nächsten Morgen parkte ich den Wagen um halb neun schräg gegenüber dem Haus von Luise Hansens Freundin. Um neun sollte Evgenia zur Hand- und Fußpflege erscheinen, und ich war bestens vorbereitet. Auf der Ablage lag das Handy griffbereit, auf dem Beifahrersitz die Kamera, und in meiner Jackentasche befand sich ein Foto von Evgenia: eine hübsche Frau um die dreißig mit langem schwarzem Haar und dichten Wimpern. Ich wusste außerdem, dass sie zur Zeit meist eine schwarze Daunenjacke, Mütze, Schal und hohe Stiefel trug. Das machte sie zwar nicht gerade unverwechselbar, aber da um diese Zeit vermutlich keine zweite schwarzhaarige junge Frau der Freundin einen Besuch abstatten würde, war sie eigentlich nicht zu verwechseln.

Ich war gespannt, wie sich die Sache entwickeln würde. Wenn eine Klientin von ihrem Mann betrogen worden ist, war ich früher sofort moralisch und emotional auf ihrer Seite. Aber inzwischen bin ich gelassener geworden und lasse die Geschichten nicht mehr so nah an mich ran, weil ich mittlerweile weiß, dass es immer zwei Seiten gibt. Ich weiß, dass das, was die Klienten mir erzählen, nicht hundertprozentig stimmen muss. Es gibt vieles, was sie einem bewusst oder unbewusst verschweigen – was natürlich ihr gutes Recht ist. In einer Beziehung machen jedoch meistens beide Partner Fehler, auch wenn man selbst das nicht wahrhaben will. Ganz davon abgesehen, dass eine Beziehung in dem Moment, wo jemand bei mir im Büro steht, um seinen Partner beschatten zu lassen, meist sowieso schon am Ende ist – ob sich der Verdacht der Untreue bestätigt oder nicht. Wenn das Vertrauen zum Partner so gering ist, dass man sich einen Detektiv nimmt, dann ist die Beziehung oft nicht mehr zu retten. Außerdem sind meine Kollegen und ich nicht unsichtbar. Deshalb sage ich meinen Auftraggebern immer ganz offen, dass wir nie ausschließen können, dass ihr Partner uns im Lauf der Ermittlungen bemerkt. Und dass es dann mit der Beziehung möglicherweise endgültig vorbei ist. Aber wer glaubt, dass der Partner ihn betrügt, ist meistens bereit, das Risiko einzugehen. Und hat am Ende zumindest Gewissheit.

Gern erinnere ich mich an einen Fall, bei dem eine Frau mich beauftragte, deren erste Ehe eine einzige Katastrophe gewesen war. Ihr Mann hatte sie nicht nur nach

Strich und Faden betrogen, er hatte ihr auch verheimlicht, dass er bereits Vater von vier Kindern war. Nun war die Auftraggeberin geschieden und hatte sich endlich wieder neu verliebt. Sie war im siebten Himmel, und eigentlich gab es keinen Grund, ihren jetzigen Freund zu verdächtigen. Trotzdem nagte das Misstrauen an ihr – die ständigen Lügen ihres ersten Mannes hatten sie zu sehr verunsichert. Sie wollte wissen, ob sie ihrem Verlobten wirklich trauen konnte, wenn er manchmal tagelang auf Montage war. Ich beobachtete ihn mehrmals über einen Zeitraum von mehreren Monaten, doch ich fand nichts. Der Mann ging seiner Arbeit nach, traf sich ab und an mit seinen Kumpels auf ein Bier. Es gab keinerlei Anzeichen, dass er seine Verlobte über seine Vergangenheit oder sein jetziges Leben belog. Ich habe noch nie jemanden erlebt, der sich so sehr darüber freute, dass ich nichts gefunden hatte, wie diese Klientin. Ein paar Monate später heirateten die beiden, und ich war als Gast dabei – natürlich undercover, als früherer Schulfreund.

In diesem Fall hielt ich es nicht für unwahrscheinlich, dass meine Auftraggeberin richtig lag. Dass Gerd Hansen Evgenia während des Urlaubs seiner Frau mehrfach getroffen und umarmt hatte, machte ihn verdächtig, ebenso wie die übrigen Verhaltensweisen, die meine Auftraggeberin beschrieben hatte. Jetzt kam es darauf an, ob wir den beiden das Verhältnis nachweisen konnten. Ich fragte mich, wie Luise Hansen reagieren würde, falls ihr Verdacht sich bestätigte – ihrem Mann im Salon vor versammelter Mannschaft eine Szene machen? Die gemeinsamen Konten leer räumen? Oder ihn samt Schwiegermutter vor die Tür setzen? Menschen reagieren unterschiedlich auf Zurückweisungen, manche mit Wut. Ich musste an einen Fall denken, an dem ich viele Jahre zuvor gearbeitet hatte. Ein Klient hatte mich engagiert, weil sein Wagen Nacht für Nacht zerkratzt wurde, auch nachdem er dazu übergegangen war, den Wagen abends mehrere Hundert Meter von seinem Haus entfernt zu parken. Da die um seinen Wagen herum geparkten Autos jedes Mal unbeschädigt blieben, war klar, dass sich die Zerstörungen gezielt gegen ihn richteten. Mein Klient hatte keinen blassen Schimmer, wer eine solche Wut auf ihn haben konnte, und die Auflösung war für uns beide überraschend: Nach einigen Nächten des Beobachtens erwischte ich den Vandalen auf frischer Tat. Er war ein Bekannter des Klienten, der sich – wie er schließlich zugab – in diesen verliebt hatte, jedoch immer wieder von ihm zurückgewiesen worden war. Aus Rache hatte er sich an dem Wagen seines Angebeteten vergriffen. Luise Hansen traute ich eine vergleichbare Aktion ohne Weiteres zu.

Es wurde neun, aber nichts tat sich. Es wurde halb zehn, dann zehn, und noch immer keine Spur von Evgenia. Vielleicht war sie krank? Oder hatte den Termin auf einen anderen Tag verlegt? Ich rief Luise Hansen an, doch niemand ging ran.

Inzwischen wartete ich seit zwei Stunden im Wagen und langweilte mich zu Tode. Außerdem war es hundekalt. Ich überlegte, die Standheizung einzuschalten, verwarf die Idee aber schnell wieder. Einmal hatte ich das Auto während einer Beobachtung so lange beheizt, bis die Batterie den Geist aufgab. Zum Glück hatte die Zielperson sich nicht vom Fleck bewegt, aber die Überbrückungsaktion war so auffällig gewesen, dass ich die

Beobachtung danach mit einem anderen Wagen fortsetzen musste.

Als sich um elf immer noch nichts getan hatte, rief ich erneut bei Luise Hansen an. Wieder kam die Ansage, dass der Teilnehmer nicht erreichbar war. Inzwischen war ich schon fast steifgefroren. Ich musste mich dringend bewegen, aber aussteigen wollte ich nicht, denn es konnte sein, dass Evgenia ausgerechnet in dem Moment eintraf. Zum Glück habe ich immer ein paar Rock- oder Heavy-Metal-CDs im Auto. Nichts hilft besser gegen Müdigkeit als laute Gitarren-Riffs. Ich startete den CD-Player, drehte lauter und wippte im Takt mit den Knien und dem Oberkörper. *And you shook me all night long, yeah, you shook me all night long…* Als ACDC gerade zum Finale ansetzten, bemerkte ich aus dem Augenwinkel, wie sich eine ältere Dame samt Rauhaardackel dem Auto näherte. Ich stoppte abrupt in der Bewegung, drehte leiser und tat so, als ob ich etwas im Handschuhfach suchte. Die Frau schaute kurz in meine Richtung, beschloss dann aber offenbar, dass ich keine Gefahr für die Nachbarschaft darstellte, und setzte ihre Gassi-Route fort.

Um kurz vor eins näherte sich endlich eine Frau im langen schwarzen Mantel. Sie öffnete die Gartenpforte und schloss die Haustür auf. Nach etwa einer Stunde kam Evgenia wieder heraus und machte sich auf den Weg zur Stadtbahnhaltestelle. Wieder ging es zu einer luxuriösen Villa. Den Rest des Tages verbrachte ich damit, ihr zu verschiedenen Kunden quer durch Köln zu folgen, bis sie gegen sieben Uhr in ihre Wohnung zurückkehrte, die sie an diesem Abend auch nicht mehr verließ. Von Gerd Hansen heute keine Spur.

Am nächsten Morgen fuhr ich mit Julia, die inzwischen in Köln eingetroffen war, zu Evgenias Wohnung. Da wir nicht wussten, wann sie zu ihrem ersten Kunden fahren würde, begannen wir vorsichtshalber schon um halb sieben mit der Beobachtung. Das Mehrfamilienhaus, in dem Evgenia wohnte, lag nicht direkt an der Straße, sondern versteckt in zweiter Reihe. Durch ein Tor, das zwischen die zwei vorderen Häuser eingelassen war, führte ein etwa hundert Meter langer Fußweg zu den drei Häusern, die dahinter lagen. Im Haus ganz rechts wohnte Evgenia. Außer dem direkten Weg zur Straße führte von der Eingangstür aus noch ein zweiter Weg ab, der parallel zu dem Gebäude verlief. Eine kurze Erkundungstour verriet uns, dass er weiter hinten auf die Straße traf. Um Evgenia nicht zu verpassen, postierten wir uns in der Tordurchfahrt und warteten. Von hier aus hatten wir ihren Hauseingang bestens im Blick. Ich vermutete, dass Evgenia wie gestern mit den öffentlichen Verkehrsmitteln zu ihrer Arbeit fahren würde, also einigten wir uns darauf, dass Julia Evgenia zu Fuß beziehungsweise per Bus oder Bahn fahren und ich mit dem Auto folgen würde.

Leider war es noch kälter als am Tag zuvor, der Wetterbericht hatte vorausgesagt, dass die Temperaturen auch tagsüber nicht über null klettern würden. Julia in ihrem knielangen Wollkleid schimpfte über die Kälte. In ihrer Daunenjacke sah sie aus wie eine dicke Presswurst mit blondiertem Wurstzipfel. Dazu hatte sie eine Mütze mit Ohrenklappen auf. Aber mir ging es auch nicht besser, meine Hände waren trotz der dicken Handschuhe schon ganz steif.

Es wurde halb acht, dann acht. Irgendwann fiel mir auf,

dass Julia ständig von einem Bein aufs andere stampfte und sich angestrengt auf die Zähne biss.

»Was ist los? Musst du mal?«

»Nee«, druckste sie. »Aber mir ist schweinekalt. Ich fühle schon, wie die Kälte meine Beine hochkriecht. Die Zehen spür ich schon gar nicht mehr. Gibst du mir mal den Autoschlüssel?«

Ein paar Minuten später kam sie zurückgestapft. Sie hatte die Wildlederstiefel gegen extra dicke Moonboots ausgetauscht, von außen wasserabweisend, von innen mit Schafsfell gefüttert und mit einem Bommel versehen, der bei jedem Schritt hin und her pendelte.

»Du fährst ja schwere Geschütze auf. Planst du am Wochenende eine Alpenüberquerung?«, fragte ich sie grinsend. »Die dicken Treter wiegen doch bestimmt fünf Kilo das Stück. Willst du damit etwa hinter der Griechin her?«

»Na, wenn meine Füße erst mal zu Eisklötzen erstarrt sind, wird es mit dem Rennen erst recht schwierig. Außerdem wird die Griechin zum Bus ja wohl keinen Sprint hinlegen.«

»Also, mir ist gestern aufgefallen, dass die einen ziemlich schnellen Schritt draufhat, in den Bleistiefeln hast du garantiert das Nachsehen.«

Julia zuckte die Achseln.

»Bist doch bloß neidisch. Ich dreh noch mal eine kleine Aufwärmrunde um den Block, und danach bin ich wieder top in Form, wirst schon sehen«, meinte sie und stiefelte los.

Kaum war sie weg, kam es, wie es kommen musste: Evgenia trat aus der Haustür und marschierte los, den langen Fußweg zwischen den Häusern entlang. Sie trug dieselbe schwarze Jacke wie gestern, nur hatte sie die Jeans gegen einen halblangen Rock eingetauscht. Und das bei den Temperaturen. Ungeduldig sah ich zur Straße. Keine Julia. Als Evgenia schon fast außer Sichtweite war, kam Julia um die Ecke gestapft. Ich machte ihr ein Zeichen, dass sie sich beeilen sollte. Sie verstand sofort und legte einen Zahn zu. In den schweren Schuhen brachte sie allerdings nur ein gemächliches Joggen zustande, mehr war nicht drin. Völlig außer Atem und mit knallrotem Gesicht kam sie auf mich zu. Ich zeigte zu dem Häuserdurchgang links von uns, den Evgenia genommen hatte. Julia nickte nur und lief schnaufend weiter. Ich machte mich auf den Weg zum Auto und sah Evgenia weiter hinten auf dem Bürgersteig. Kurz darauf bog auch Julia auf den Gehweg und konnte endlich das Tempo drosseln, nachdem sie Evgenia entdeckt hatte. Nach etwa zweihundert Metern bogen die beiden rechts ab. Ich startete den Wagen und fuhr den beiden langsam hinterher. Nach einigen Minuten bogen die zwei links ab. Evgenia steuerte auf eine Bahnstation zu, und Julia folgte ihr. Ich suchte mir die nächste Parklücke und wartete ab. Mein Handy vibrierte, eine Kurznachricht von Julia: »Mann, wenn ich gewusst hätte, dass dieser Fall in Leistungssport ausartet, hätte ich vorher trainiert!!!«

Ich grinste. »Aber dein Po wird sich drüber freuen. A propos: Habe gerade die Sitzheizung angeschmissen und musste mich etwas freimachen«, schrieb ich zurück. Da hörte ich die Bahn näherkommen und bekam kurz darauf per SMS die Information von Julia, in welche Richtung es ging. Ich startete den Motor und fuhr los. Nach ein paar Haltestellen bekam ich wieder eine SMS: »Sie ahnt was, wir müssen Abstand halten!« Ich stutzte. Hatte Evgenia uns bemerkt? Zugegeben, wir hatten ziemlich dicht an ihrem Haus gestanden, und um uns herum hatten nur wenige Wagen geparkt. Aber wer achtete schon auf die parkenden Autos? Meinen Wagen konnte sie gestern jedenfalls unmöglich bemerkt haben. Ich fuhr langsam weiter und wartete auf Nachrichten. Eine Viertelstunde später rief Julia an und nannte mir die Station, an der Evgenia und sie ausgestiegen waren. Nachdem ich Julia eingesammelt hatte, erzählte sie aufgeregt, was passiert war. Sie war kurz hinter Evgenia in den Bus geschlüpft. Eigentlich hatte sie vorgehabt, Abstand zu der Griechin zu halten, aber leider waren nur noch in der Reihe direkt hinter ihr Plätze frei gewesen. Also hatte Julia sich die Kapuze noch tiefer ins Gesicht gezogen und sich so unauffällig wie möglich schräg hinter Evgenia gesetzt. Die schien nichts bemerkt zu haben. Dafür hatte sie immer wieder prüfend aus dem Fenster gesehen. Nach ein paar Stationen hatte sie zum Handy gegriffen und ihrem Gesprächspartner ärgerlich berichtet, dass sie sich beobachtet fühle und ihr ein weißer Van aufgefallen sei. Ein weißer SUV hatte am Morgen tatsächlich vor ihrem Wohnblock geparkt und war zeitgleich mit uns losgefahren. Zum Glück hatte sie nicht unseren Wagen bemerkt. Die Person am anderen Ende der Leitung hatte jedenfalls versucht, Evgenia zu beruhigen, die aber hatte nur wütend geantwortet: »Doch, ich bin ganz sicher, dahinter steckt garantiert deine Frau, die alte Hexe!« – und aufgelegt. Für Julia und mich lag es auf der Hand, dass sie mit Gerd Hansen telefoniert hatte. Zum Glück war ihr nicht meiner, sondern ein anderer Wagen verdächtig vorgekommen. Aber warum hatte sie überhaupt so misstrauisch auf die Wagen um sie herum geachtet?

Während Julia in der Nähe des Hauses wartete, telefonierte ich mit Luise Hansen. Ich hatte da so einen Verdacht. Evgenias Argwohn konnte eigentlich nur bedeuten, dass Gerd Hansen sie gewarnt hatte. Ich fragte Luise Hansen geradeheraus, ob sie ihrem Mann erzählt hatte, dass sie eine Detektei engagiert hatte. Sie druckste eine Weile herum, aber dann gab sie es kleinlaut zu. Ärgerlich legte ich auf. Etwas Schlimmeres kann einem eigentlich nicht passieren, als dass die Zielperson ahnt, dass sie beschattet wird, man selbst aber gar nicht damit rechnet. Ab jetzt mussten Julia und ich doppelt und dreifach vorsichtig sein.

Der restliche Tag brachte keine neuen Erkenntnisse. Evgenia fuhr mit Bus und Bahn von Kunde zu Kunde, und wir folgten ihr in mehr als gebührendem Abstand. Gegen fünf machte sie sich auf den Heimweg. Um neun verließ sie das Haus und traf sich mit zwei Freundinnen in einer Kneipe. Wir teilten uns auf. Ich beobachtete den Rest des Abends, der keine neuen Erkenntnisse brachte, Julia würde dafür am nächsten Tag, unserem vorerst letzten in Köln, die frühe Schicht übernehmen. Als sich auch am dritten Tag nichts tat, fuhren wir wie besprochen zurück nach Berlin. Luise wollte weiterhin die Augen offen halten und sich melden, wenn wir noch mal beobachten sollten.

Doch es kam anders. Es war schon nach elf, wir befanden uns noch auf der Autobahn, als mein Handy klingelte – Luise Hansen. Julia ging ran. Schon nach wenigen Sekunden fing sie an zu grinsen. »Ich glaube, die hat sich schon das eine oder andere Gläschen Sekt genehmigt«, flüsterte sie mir zu. Das Gespräch dauerte fast eine halbe Stunde, in der Julia kaum zu Wort kam – das kannte ich noch gar nicht von ihr. Ihre Gesprächsbeiträge beschränkten sich auf: »Wirklich?«, »Oh Nein!«, »Das ist nicht Ihr Ernst!« und »Ach je«.

Als sie aufgelegt hatte, fragte ich neugierig: »Und?«

Julia runzelte die Stirn. »Tja, ich würde sagen, der Fall hat sich erledigt.« Offenbar war Folgendes passiert: Gerd Hansen hatte seiner Frau, als sie nach Hause kam, erzählt, er sei heute Abend mit einem Geschäftsfreund verabredet, es könne spät werden, er würde mit dem Taxi fahren. Da wir schon wieder auf dem Weg nach Berlin waren, hatte unsere Auftraggeberin sich dazu entschlossen, die Sache selbst in die Hand zu nehmen und ihrem Mann scheinheilig angeboten, ihm ein Taxi zu bestellen. Dem Fahrer wiederum steckte sie zwanzig Euro zu und bat ihn, sie anzurufen, sobald er ihren Mann abgesetzt hatte, und ihr die Adresse durchzugeben. Mit einem zweiten Taxi war Luise Hansen hinterhergefahren und hatte ihren Mann zusammen mit Evgenia in einem kleinen Club entdeckt, an einem Tisch direkt am Fenster. Sie war hineingestürmt und hatte ihrem Mann an den Kopf geworfen, dass er sie schon seit Wochen, wenn nicht gar Monaten mit der Griechin betrog und dass sie die beiden nun ja in flagranti erwischt hätte. Gerd Hansen hatte alles abgestritten und behauptet, Evgenia und er hätten sich getroffen, um über Evgenias berufliche Zukunft zu sprechen. Das hatte ihm seine Frau natürlich nicht abgenommen, und so hatten sich die beiden fürchterlich in die Haare bekommen. Das Ende vom Lied war, dass Luise Hansen Evgenia beschimpft und aus dem Club gejagt hatte. Danach hatte Hansen kein Wort mehr mit seiner

Frau gesprochen, und die beiden waren schweigend mit dem Taxi nach Hause gefahren. Zu Hause angekommen, hatte sich Luise Hansen zur Beruhigung erst mal ein paar Gläser Schampus gegönnt. Anschließend hatte sie Evgenia angerufen und sie gefragt, was da zwischen ihr und Gerd laufe. Diese hatte steif und fest behauptet, es sei bei den Treffen tatsächlich nur um ihre berufliche Zukunft gegangen, sie wolle nicht immer nur Füße waschen und Nägel lackieren, und Herr Hansen würde ja sehr viele Geschäftsleute kennen. Außerdem sei Luise doch die Frau des Chefs, also quasi ihre Chefin – und der würde sie doch niemals den Mann ausspannen. Noch dazu einen, der dreißig Jahre älter war.

»Tja, wer's glaubt«, schloss Julia. »Jedenfalls ist Luise Hansen Evgenia voll auf den Leim gegangen. Sie meinte, das sei so ein liebes Mädchen, sie hätte sich da wohl in was verrannt, Evgenia würde ihr so was niemals antun.«

»Im Ernst?«, fragte ich. »Aber sie weiß doch, dass er ein paarmal bei Evgenia zu Hause war. Glaubt sie denn, das waren alles Berufsberatungsgespräche?«

»Tja, Evgenia weiß anscheinend sehr genau, wie man ältere Damen um den Finger wickelt. Und vielleicht wollte Luise die Geschichte nur zu gerne glauben. Die Vorstellung, dass ihr Mann ihr treu ist, ist halt doch sehr viel besser fürs Ego. Jedenfalls hat sie gesagt, dass die ganze Sache abgehakt ist und sie uns nicht noch mal brauchen wird.«

Also schrieb ich am nächsten Tag unseren Bericht, fügte die Bilder hinzu und schickte ihn samt Rechnung an eine Freundin von Luise Hansen, damit der Umschlag nicht zufällig ihrem Mann in die Hände fiel.

Drei Wochen später rief Luise Hansen wieder bei mir an.

»Herr Wolff, können Sie noch mal mit Ihrer netten Kollegin nach Köln kommen? Ich bin so dumm gewesen«, platzte sie heraus. »Ich habe mich von dieser hinterhältigen Schlange um den Finger wickeln lassen, aber das passiert mir ganz sicher kein zweites Mal! Die hat mich nach Strich und Faden belogen.«

Das war mir auch vorher klar gewesen. Aber wieso hatte Luise plötzlich ihre Meinung geändert? Sie erzählte, dass die Besitzerin der Reinigung gesehen hatte, wie sich Evgenia und Gerd Hansen erneut vor dem Salon getroffen und zusammen weggefahren waren. Außerdem hatte ihre Freundin, die bei Evgenia Kundin war, ihr erzählt, dass Evgenia seit Kurzem ein Auto habe, nagelneu, nicht gebraucht. Luise Hansen hatte sich nicht vorstellen können, dass Evgenia mit der Pediküre so viel Geld zusammengespart hatte, also hatte sie die gemeinsamen Konten überprüft und festgestellt, dass von einem davon rund 18 000 Euro abgehoben worden waren. Daraufhin hatte sie beschlossen, ihrem Mann noch mal auf den Zahn zu fühlen, denn eindeutige Beweise hatte sie nach wie vor nicht. »Ich brauche unbedingt ein Foto von den beiden, Herr Wolff. Ich muss meinem Mann das schwarz auf weiß vor die Nase halten, sonst redet er sich wieder raus.«

Ein paar Tage nach dem Telefonat fuhren Julia und ich ein zweites Mal nach Köln. Am ersten Tag beobachteten wir Evgenia, ohne dass sie Gerd Hansen oder sonst einen

Mann traf. Als ich Julia am nächsten Nachmittag ablöste, war Evgenia schon zurück in ihrer Wohnung. Sie hatte von neun bis drei gearbeitet, für heute schien ihr Arbeitstag beendet zu sein. Ich hatte mich wieder in dem Durchgang postiert und wartete in der Kälte darauf, dass Evgenia das Haus verließ oder Besuch bekam. Nachdem sich zwei Stunden lang nichts getan hatte und es mittlerweile dunkel geworden war, öffnete sich die Haustür. Drei Jugendliche kamen heraus. Weite Rapper-Jacken, Hosen, die in den Kniekehlen hingen, Migrationshintergrund. Die drei kamen direkt auf mich zu.

»Ey, Alder! Was machssu hier?«, rief der kleinste, offenbar der Anführer, und baute sich mit verschränkten Armen vor mir auf. Ich schätzte ihn auf höchstens sechzehn.

»Nichts Besonderes«, antwortete ich, »ich warte auf jemanden.«

»Schon klar, auf wen denn?«

»Den Makler. Hier wird demnächst eine Wohnung frei, die ich mir ansehen …«

»Red kein' Scheiß, Mann, wir ham disch beobachtet«, unterbrach er mich mit finsterem Blick. »Du stehst hier schon seit über zwei Stunden rum und glotzt mein Haus an.«

»Na und? Das ist schließlich nicht verboten.«

»Ey, was soll die Scheiße?«, wurde er jetzt lauter, »bist du ein Bulle oder was?«

Seine zwei stummen Begleiter stellten sich neben ihren Anführer, sodass die drei einen Halbkreis um mich bildeten.

»Seh ich so aus?«

»Ey, willssu was auf die Fresse, Mann?«

Langsam wurde es brenzlig. Ich überlegte kurz, ob ich es mit den Dreien aufnehmen konnte, verwarf den Gedanken aber schnell.

»Verpiss disch, du Arschloch!« Er machte einen Schritt nach vorn und schubste mich.

»Okay, Jungs, ich will keinen Streit. Alles klar?«

»Mann, hau endlich ab hier!«

»Schon gut, regt euch ab.« Ich drehte mich um und machte mich langsam vom Acker. Nachdem ich auf den Bürgersteig abgebogen und aus dem Sichtfeld der drei halbstarken Testosteronbolzen gelangt war, wartete ich eine Viertelstunde. Dann schaute ich unauffällig um die Ecke. Die drei hatten sich wieder nach drinnen verzogen, jedenfalls war nichts mehr von ihnen zu sehen. Vorsichtig schlich ich mich zu meinem Wagen und setzte die Beobachtung sicherheitshalber von dort aus fort. Der Nachteil war allerdings, dass ich Evgenias Haus von hier aus nicht im Blick hatte, weil es von der vorderen Häuserreihe verdeckt wurde. Nachdem ich rund eine Stunde im Auto gehockt hatte und gerade überlegte, ob ich mich wieder herauswagen konnte, sah ich im Rückspiegel einen älteren Mann näherkommen. Schütteres dunkles Haar, hohe Stirn und Hängebacken wie Genscher – das war eindeutig Gerd Hansen. Ich merke mir Zielpersonen meistens mithilfe von Eselsbrücken. Und Gerd Hansen besaß auf den Bildern, die Luise Hansen mir im Café gezeigt hatte, eine verblüffende Ähnlichkeit mit dem ehemaligen Außenminister. Als Hansen bei der Reihe parkender Autos angelangt war, stoppte er ab und sah Wagen für Wagen durch die Fensterscheiben. Ich reagierte sofort. Ich verriegelte den Wagen von innen, kurbelte die Rückenlehne bis zum Anschlag nach hinten und warf mir eine dunkle Decke über, die auf der Rückbank gelegen hatte. Dann wartete ich. Zum Glück stand die nächste Straßenlaterne einige Meter entfernt. Die Schritte kamen näher, stoppten ab, kamen näher, und dann blieb Genscher alias Gerd Hansen direkt neben mir stehen. Ich hielt die Luft an und rührte mich nicht. Nach ein paar Sekunden ging Hansen weiter. Wahrscheinlich hatte er nur eine diffuse dunkle Masse hinter den Scheiben ausmachen können. Als ich seine Schritte kaum noch hören konnte, setzte ich mich wieder auf und sah aus dem Wagen. Hansen überquerte gerade die Straße und ging auf den Torbogen zu. Ich zückte die Kamera und fotografierte drauflos. Dann stieg ich aus und folgte ihm. Und konnte gerade noch festhalten, wie er sich kurz umwandte und in Evgenias Haus verschwand. Hoffentlich würde das meiner Auftraggeberin als Beweis reichen. Ich rief sie an.

»Ach, Herr Wolff, Sie sind's!«, begrüßte sie mich fröhlich.

»Ja, genau. Frau Hansen, ich stehe vor dem Haus von Evgenia. Gerade habe ich Ihren Mann reingehen sehen.«

Kurz war es am anderen Ende der Leitung mausestill, dann sagte sie entschlossen: »Warten Sie, ich komme gleich vorbei!«

»Aber wozu denn? Ich habe Fotos von ihm gemacht, wie er reingegangen ist, ich kann auch noch mal Fotos von ihm machen, wenn er rauskommt. Ich glaub nicht, dass es uns weiterhilft, wenn Sie herkommen.«

»Doooch! Ich komme! Den will ich auf frischer Tat ertappen. Mein Mann soll mir ins Gesicht sagen, was er mit Evgenia zu schaffen hat, das ist er mir schuldig!«, rief sie und legte auf.

Eine Viertelstunde später hielt ein Taxi vor dem Torbogen, und Luises Kaschmirmantel kam zum Vorschein. Gemeinsam betraten wir Evgenias Haus. Luise stürmte voran. Sie wollte am liebsten sofort klingeln und die beiden mittendrin überraschen. Ich hielt sie zurück. »Frau Hansen«, meinte ich »wenn Sie jetzt klingeln, dann wird sie Ihnen sagen, dass Ihr Mann nicht da ist. Und rein können Sie nicht einfach in ihre Wohnung, das wäre Hausfriedensbruch.« Widerwillig gab meine Auftraggeberin nach, und wir warteten im Auto. Luise Hansen schimpfte in einer Tour, sie konnte sich gar nicht beruhigen. »Was fällt meinem Mann bloß ein, mich so zu hintergehen! Er könnte doch wenigstens den Anstand haben, mir das zu sagen, dieser Feigling!« Irgendwann wurde das Schimpfen leiser, und schließlich ging es in Weinen über. Sie tat mir leid. Bisher hatte sie immer recht resolut und selbstbewusst auf mich gewirkt, aber dahinter nagte die Untreue ihres Mannes doch ganz schön an ihr. Ich reichte ihr ein Taschentuch und versuchte sie zu trösten.

Als sie sich etwas beruhigt hatte, fing sie an, mir die ganze Geschichte zu erzählen: Als sich die beiden kennengelernt hatten, war sie Anfang vierzig gewesen, bereits einmal geschieden und hatte im Unternehmen ihres Vaters als Sekretärin gearbeitet. Er war etwas jünger gewesen, ebenfalls geschieden und hatte gerade seinen ersten eigenen Friseursalon eröffnet. Kurz nach der Hochzeit hatte er sie das erste Mal betrogen. Die Sache kam später raus – ausgerechnet mit ihrer besten Freundin hatte er sich amüsiert. Es gab einen riesigen Streit, aber irgendwie rauften sich die beiden wieder zusammen. Zwanzig Jahre später hatte er wieder eine Geliebte, diesmal eine seiner Angestellten – davon hatte sie mir schon erzählt. Aber auch in den Jahren davor und danach hatte es immer wieder Anzeichen dafür gegeben, dass Gerd Hansen kein Kostverächter war. »Es ist nun mal so, dass die Männer mehr Sex wollen«, schniefte sie schließlich, »das kann ich sogar verstehen, aber dann soll er ehrlich zu mir sein und es mir sagen!« Da hörten wir, wie sich von den Häusern her Schritte näherten. Wir sahen uns an: War das ihr Mann? Oder sogar die beiden zusammen? Doch es war weder Gerd Hansen noch Evgenia, der da die Stufen hinuntergeschlurft kam, sondern der junge Gangsterrapper von vorhin. Als er mich im Auto sitzen sah, wurde er knallrot im Gesicht.

»Ey, was machssu du schon wieder hier? Hab isch dir nicht gesagt, du sollst disch verpissen?«

Dann fiel sein Blick auf die verheulte Luise Hansen. Das irritierte ihn – einer teuer gekleideten älteren Dame begegnete er vor seinem Haus nicht jeden Tag. Der Junge bekam große Augen und sagte erst mal nichts mehr.

Meine Auftraggeberin wollte gerade lospoltern, doch ich kam ihr zuvor.

»Das ist meine Mutter«, behauptete ich und tätschelte Luises Schulter. »Sie zieht vielleicht bald hier ein. Wie gesagt, weiter oben wird bald eine Wohnung frei, aber Mama kommt nicht mehr so gut die Treppen hoch, da müssen wir erst mal Kraft tanken. Nicht wahr, Mama?«

Luise Hansen nickte irritiert.

»Alles klar, Mann, jetzt versteh isch«, meinte er, plötzlich viel freundlicher. »Für meine Mutter würd' isch auch alles machen, Respekt und so, weissu.«

Der Junge klopfte mir anerkennend auf die Schulter, dann schlenderte er lässig davon, und wir warteten weiter. Als sich eine halbe Stunde später immer noch nichts getan hatte, wurde Luise Hansen ungeduldig. »Herr Wolff, es tut mir leid, aber das wird mir langsam zu blöd, ich gehe jetzt hoch!«, sagte sie, öffnete die Beifahrertür und marschierte auf Evgenias Haus zu. Ich lief ihr hinterher und versuchte sie davon abzubringen, aber vergeblich. Die Haustür war offen, und während Luise Hansen nach oben stapfte, blieb ich im Erdgeschoss, damit Evgenia mich nicht sah.

»Frau Hansen, was wollen Sie denn hier?«, hörte ich wenige Sekunden später Evgenias überraschte Stimme.

»Da habe ich euch wohl mittendrin erwischt, was?«, rief Luise Hansen. »Du brauchst gar nicht so zu gucken, ich weiß genau, dass Gerd bei dir ist!«

»Ich weiß überhaupt nicht, wie Sie darauf kommen! Ich bin ganz allein, hab mich gerade ein bisschen ausgeruht.«

»Das kannst du deiner Oma erzählen, jetzt lass mich schon rein!«

Dann folgte Rascheln, lautes Stimmengewirr und Poltern. Versuchte Luise Hansen, sich an Evgenia vorbei in die Wohnung zu drängen?

»Frau Hansen, lassen Sie das doch!«

»Gerd!«, brüllte meine Auftraggeberin jetzt, »ich weiß, dass du da drin bist, jetzt komm schon raus, du Feigling!«

»Lassen Sie mich! Ich ruf' die Polizei«, schrie Evgenia.

Ich hörte unverständliche Rufe und Flüche und beschloss, dass ich wohl oder übel eingreifen musste. Das Bild, dass sich mir ein Stockwerk höher bot, war urkomisch: Luise Hansen, in Schal und dickem Wintermantel, versuchte Evgenia, die nichts als einen Slip und ein durchsichtiges weißes Top trug, beiseitezuschieben, Evgenia wiederum hämmerte mit den Fäusten auf die Unterarme der alten Dame ein. Ich packte Luise und zerrte sie von der Griechin weg auf den Treppenabsatz.

»Lassen Sie mich los!«, schimpfte sie.

»Jetzt kommen Sie schon! Am Ende handeln Sie sich noch eine Anzeige ein, das ist es doch nicht wert.«

Ich führte die aufgebrachte Luise Hansen die Treppen hinunter, während Evgenia uns hinterherbrüllte: »Verschwindet bloß! Und lasst euch hier nie wieder blicken! Scheiß Schnüffler!«

Auf der Straße angekommen, bugsierte ich meine Auftraggeberin ins Auto und fuhr sie nach Hause. Die ganze Fahrt hörte sie nicht auf zu zetern und zu fluchen. Bevor sie ausstieg, schärfte ich ihr ein, sich in Zukunft nicht noch mal mit Evgenia anzulegen oder mit ihrem Mann – auch wenn es ihr schwerfiel. Das verkomplizierte unsere Arbeit nur unnötig. Luise Hansen nickte widerwillig und stieg aus.

Am folgenden Tag teilten Julia und ich uns auf. Luise Hansen hatte in der Nacht noch in den Sachen ihres Mannes herumgestöbert und in seinem Terminkalender entdeckt, dass für heute Mittag der Name eines Restaurants eingetragen war. Also würde ich, mit tief in die Stirn gezogenem Basecap, an Evgenia dranbleiben, Julia würde sich Gerd Hansen vorknöpfen.

Evgenia fing an diesem Tag früher als sonst an zu arbeiten. Um halb sieben fuhr sie mit dem Auto zu ihrem ersten Kunden, klapperte im Lauf des Vormittags noch drei weitere Bürogebäude ab und parkte gegen zwölf wieder vor ihrem Wohnkomplex. Eine halbe Stunde später stieg sie erneut ins Auto, frisch geschminkt und zurechtgemacht, wenn mich aus der Ferne nicht alles täuschte. Ich folgte ihr mit ausreichend Abstand. Kurz nachdem wir losgefahren waren, klingelte mein Handy.

»Julia, was gibt's?«, fragte ich.

»Also du glaubst nicht, was ich hier gerade gesehen habe.«

»Na, was denn?«

»Gerd Hansen ist gerade mit seiner Frau aus dem Haus gekommen und ins Auto gestiegen. Und jetzt fahren sie, wenn mich nicht alles täuscht, gemeinsam zu diesem Restaurant.«

»Wie bitte?«

»Ja, die beiden haben sich ordentlich in Schale geworfen. Warum hat sie uns denn nicht gesagt, dass sie ihn drauf angesprochen hat und jetzt mitfährt? Wollen die sich nach dem Gerangel gestern etwa schön zu dritt an einen Tisch setzen und bei Schnitzel und Rinderroulade über eine moderne Dreierbeziehung reden?«

»Wohl eher nicht«, entgegnete ich, »wenn Luise Hansen mit dabei ist, dann kann das Ganze eigentlich nur in einer Katastrophe enden.«

Trotzdem konnten wir nichts anderes tun, als weiter an unseren jeweiligen Zielfahrzeugen dranzubleiben. Da Luise Hansen gerade mit ihrem Mann im Auto saß, konnten wir sie schlecht anrufen.

Evgenia und ich kamen als Erste beim Restaurant an, einem Edelitaliener. Sie stieg aus, sah sich suchend um, als sie aber weder Gerd Hansen noch seinen Wagen entdecken konnte, ging sie allein ins Restaurant, und ich fotografierte sie dabei. Ob sie wohl wusste, dass ihr Liebhaber nicht allein kommen würde? Ich schrieb Julia eine SMS, dass Evgenia und ich schon da waren. Wenig später bog Gerd Hansens dunkelblauer BMW um die Ecke.

Hansen stieg aus, ging um den Wagen herum und öffnete die Beifahrertür. Ich holte die Kamera hervor und fotografierte. Die Frau, die ausstieg, trug einen eleganten langen Mantel, ein gemustertes Halstuch und hatte kurze blonde Haare. Luise Hansens Haare aber waren schwarz. Die Frau hakte sich bei Hansen unter, und gemeinsam gingen sie ins Restaurant, sie ein bisschen langsamer und zögerlicher als er. Wenn die Dame gemeinsam mit Hansen aus dem Haus gekommen war, konnte das eigentlich nur Schwiegermutti sein. Hatte Julia die Auftraggeberin etwa mit Hansens Mutter verwechselt? Julia hatte bislang immer nur mit Luise Hansen telefoniert, sie aber noch nie getroffen.

Kurz darauf stieg Julia zu mir in den Wagen.

»Und, was sagst du? Haben die sie noch alle? Oder spielen die mit uns versteckte Kamera?«

Ich grinste. »Also, Julia, ich glaube, du hast da was nicht mitbekommen. Das war ganz sicher nicht Luise Hansen, die hat nämlich dunkle Haare. Wenn mich nicht alles täuscht, hat Hansen seine Mutter mit zu dem Rendezvous gebracht.«

»Ist das dein Ernst? Aber die sah doch gar nicht so alt aus. Na ja, ich hab sie nur von schräg hinten gesehen, aber ich hätte sie niemals für seine Mutter gehalten.«

»Wenn unsere Auftraggeberin wüsste, dass du sie mit ihrer Schwiegermutter verwechselt hast, würde sie jedenfalls im Dreieck springen!«

Ich lachte, als ich mir Luise Hansens Reaktion vorstellte.

»Mann, erzähl ihr das bloß nicht!«

»Keine Sorge.«

Ich wählte die Nummer unserer Auftraggeberin.

»Matthias Wolff hier«, begrüßte ich sie, »wo sind Sie gerade, Frau Hansen?«

Luise Hansen war bei einer Freundin zu Besuch, und die beiden tranken Tee. Ich erzählte ihr, was wir beobachtet hatten, und beschrieb ihr die ältere Dame an der Seite ihres Mannes. Unsere Auftraggeberin unterbrach die Teaparty auf der Stelle, nahm sich ein Taxi und flitzte nach Hause. Eine Viertelstunde später rief sie aufgeregt an. Sie hatte in der Wohnung ihrer Schwiegermutter nachgesehen, die Dame war nicht da! Luise Hansen wollte am liebsten sofort losfahren und die drei zur Rede stellen. Zum Glück konnte ich sie davon überzeugen, dass das keine gute Idee war. Dafür mussten wir ihr allerdings versprechen, Beweisfotos von Gerd Hansen, Evgenia und Schwiegermutti zu machen. Da Evgenia mich gestern erst im Hausflur gesehen hatte, musste Julia das übernehmen. Sie steckte die kleine Kompaktkamera ein, schnappte sich eine alte Zeitung von der Rückbank zur Tarnung für die Kamera und marschierte ins Restaurant.

Nach einer Viertelstunde ging die Tür auf, und Julia kam eilig heraus, mit den Händen gestikulierend und mit genervtem Blick. Sie stieg ein, und wir fuhren los.

»So ein Mist, sie hat mich bemerkt«, erklärte sie verärgert. »Ich hab mich so weit von deren Tisch weg gesetzt, wie's ging, aber außer uns waren kaum Gäste da. Die Griechin hat immer wieder in meine Richtung geschaut, sodass ich nur ein paar Fotos machen konnte. Außer mir war halt niemand allein da, nur Pärchen oder Familien. Als ich dann raus bin, hat Evgenia mir ganz misstrauisch hinterhergeschaut.«

»Dann kennt sie uns jetzt beide. Und das Auto wahrscheinlich auch. Das sollten wir austauschen, sobald wir deins vom Restaurant abgeholt haben.«

»Zum Glück«, grinste sie, »hat sich das Ganze trotzdem gelohnt.«

Ich fuhr rechts ran, und Julia zeigte mir die Bilder auf dem Display: Gerd Hansen, Evgenia und Schwiegermutti fröhlich plaudernd, Hansen, wie er der lachenden Evgenia eine Gabel mit Brokkoli in den Mund schiebt und wie er Evgenia einen Kuss auf den Mund gibt. Jetzt hatten wir eindeutige Beweise für Luise Hansen.

Am Nachmittag trafen wir sie in einem kleinen Café und legten ihr die Bilder vor. Luise Hansen wurde beim Anblick ihrer Schwiegermutter knallrot. Dass ihr Mann sie mitgenommen hatte, schien sie mehr zu ärgern, als dass er Evgenia geküsst hatte. Eigentlich hätte unser Auftrag jetzt erledigt sein sollen. Doch Luise Hansen wollte, dass wir weitermachten. Sie war unheimlich wütend auf ihren Mann, die Griechin und natürlich ihre Schwiegermutter, die sie »nach Strich und Faden verarscht« hatten, wie sie es formulierte. Ich glaube, in Wirklichkeit hatte sie vor allem Angst, dass die Geschichte zwischen ihrem Mann und Evgenia mehr als eine harmlose Affäre war. Er hatte ihr ein Auto gekauft, auch wenn es nur ein kleiner Opel war, und sie seiner Mutter vorgestellt. Was würde als Nächstes kommen? Ich fragte unsere Auftraggeberin, was sie sich davon versprach, wenn wir weiter beobachteten, zumal die beiden vorgewarnt waren, aber sie weigerte sich, mit uns darüber zu diskutieren. »Ich will es eben so, und ich bezahle Sie beide schließlich dafür. Damit ist die Sache doch wohl klar!«, war alles, was sie dazu zu sagen hatte.

Während der folgenden Monate bestellte uns Luise Hansen immer wieder für ein paar Tage nach Köln, damit wir Evgenia und ihren Mann beobachteten. Einmal begleiteten wir ihn sogar auf eine mehrtägige Geschäftsreise nach Süddeutschland, auf der jedoch rein gar nichts lief. In Köln wurde es immer schwieriger, die beiden zu beobachten, da Evgenia inzwischen sehr misstrauisch war und sich ständig umsah – es war nur eine Frage der Zeit, bis wir endgültig auffliegen würden. Luise Hansen war es jedoch völlig egal, ob Evgenia uns bemerkte. Ich glaube, sie wollte die beiden vor allem kontrollieren und wissen, ob und wie oft sie sich trafen, und ihre Gelegenheiten, sich zu treffen, einschränken. Zu Hause mache sie dafür auf liebevolle Ehefrau, erzählte Luise Hansen mir. Ich konnte sie mir in dieser Rolle nur schwer vorstellen und fragte mich, ob Hansen ihr das abkaufte. Gleichzeitig hatte sie nämlich die gemeinsamen Konten abgeräumt, damit er Evgenia keine teuren Geschenke mehr machen konnte. Das war ihm sicher nicht entgangen.

Nach ein paar Monaten hatten Luise Hansen und ich ein klärendes Gespräch. Inzwischen wussten sowohl Evgenias Kollegen in dem Bekleidungsgeschäft, in dem sie seit Kurzem arbeitete, als auch ihr Freundeskreis, dass Luise Hansen jemanden auf sie angesetzt hatte. Die beiden waren sehr vorsichtig geworden, ließen sich aber trotzdem nicht davon abhalten, sich gelegentlich zu treffen. Nachdem Evgenia uns zweimal bemerkt hatte, war es für uns fast unmöglich geworden, sie weiter zu beobachten. Ich erklärte Luise Hansen, dass Julia und ich uns das nicht länger antun wollten – und dass sie auf diese Weise auch nichts erreichen würde.

Sie sagte nicht viel dazu, aber eine Woche später rief sie mich an. »Ach, Matthias, Sie haben ja recht«, meinte sie zerknirscht und erzählte, dass sie ein ernstes Gespräch mit ihrem Mann geführt und eine Art Waffenstillstand geschlossen hatte. Er hatte ihr versprochen, Evgenia nicht mehr mit seiner Mutter zu treffen und ihr keine größeren Geschenke mehr zu machen. Dafür hatte sie die gemeinsamen Konten wieder aufgefüllt. Vielleicht ging es ihr gar nicht darum, mit wem ihr Mann Sex hatte, sondern darum, dass er ehrlich zu ihr war – und sich nicht ernsthaft verliebte und sie am Ende sitzen ließ. Ich glaube, sie hatte große Angst vor dem Alleinsein. In dem Alter noch mal jemand Neues zu finden, mit dem man auf einer Wellenlänge liegt und im Alltag gut zurechtkommt – und das taten die beiden laut meiner Klientin, stellte ich mir jedenfalls schwierig vor. Geklärt hatten die beiden im Grunde nichts, fand ich, aber Luise Hansen schien trotzdem beruhigt zu sein. Jetzt wollten sie erst mal für ein paar Wochen zusammen nach Florida fliegen, ohne Schwiegermutter und ohne Evgenia.

GEFESSELT

Vor einigen Jahren bat mich ein Kollege, der vor allem im strafrechtlichen Bereich tätig ist, um Unterstützung. Achim arbeitet, anders als ich, überwiegend für Klienten, die unschuldig in Untersuchungshaft sitzen oder zu Unrecht verurteilt wurden. Seine Arbeit gleicht eher der eines polizeilichen Kriminalisten als der eines klassischen Detektivs. Er sucht nach Spuren, wertet sie aus und führt Befragungen im Umfeld von Täter und Opfer durch. Vor allem kann er meistens ganz offen als Privatermittler auftreten, während ich bei meinen Fällen immer im Verborgenen bleiben und meine Identität verschleiern muss.

Der Fall, von dem Achim mir am Telefon erzählte, war knifflig. Und ungewöhnlich. Seiner Klientin, Carina Panitz, eine Frau Mitte dreißig, drohte eine Verurteilung wegen versuchten Mordes. Ein Bekannter von ihr behauptete, sie habe versucht, ihn beim Sex zu erdrosseln. Und leider war seine Geschichte nicht ganz unglaubwürdig: Vor wenigen Wochen hatte Patrick Nitschke, so hieß der

Bekannte, mitten in der Nacht bei der Polizei angerufen und ins Telefon geröchelt, er sei überfallen worden. Die Beamten waren sofort hingefahren und hatten die Wohnungstür aufgebrochen, weil auf ihr Klingeln niemand reagierte. In der Wohnung war alles still gewesen, bis auf ein leises Stöhnen, das vom Schlafzimmer am anderen Ende des Flurs kam. Dort hatten sie Nitschke gefunden: die Handgelenke ans Bett gefesselt, in nichts als einer Unterhose und mit dicken roten Striemen am Hals. Nachdem die Polizisten ihn losgemacht hatten, hatte Nitschke ihnen erzählt, seine Bekannte Carina Panitz habe versucht, ihn zu erwürgen. Noch in derselben Nacht waren zwei Beamte zu ihrer Wohnung gefahren, und da sie für die Tatzeit kein Alibi vorweisen konnte, hatte man sie vorläufig festgenommen. Wenig später wurde der offizielle Haftbefehl erlassen. Seitdem saß Achims Klientin in Untersuchungshaft. Leider hatten die Beamten noch ein weiteres Indiz für ihre Schuld gefunden: Bei der Analyse einer Zigarettenkippe, die in einem Aschenbecher auf Nitschkes Nachttisch gelegen hatte, hatte man DNA-Spuren von Carina Panitz festgestellt. Das wog in den Augen von Polizei und Staatsanwaltschaft natürlich schwer. Panitz behauptete jedoch nach wie vor, dass sie unschuldig war. Da ihr Anwalt davon überzeugt war, dass die Beamten sich auf Panitz als Täterin eingeschossen hatten und sich keine Mühe geben würden, nach entlastendem Material zu suchen, hatte er in Absprache mit seiner Mandantin meinen Kollegen Achim engagiert.

Als Achim mit seinem Bericht fertig war und mich fragte, ob ich ihn bei den Ermittlungen unterstützen könne, sagte ich sofort Ja. Ein angeblicher Mordversuch, eine Frau, die unschuldig im Gefängnis saß, und ein Mann, der halb nackt ans Bett gefesselt worden war – meine Neugier war geweckt.

Am Tag nach dem Telefonat trafen wir uns in Achims Detektei im Südosten der Stadt. Genau wie bei mir ist Achims Büro an seine Wohnung angegliedert. Ein Raum, der sehr klar und gut organisiert wirkt – ein großer Schreibtisch, darüber in einem langen Regal zahlreiche Ordner und Bücher, Zeitungsausschnitte an den Wänden. Achim ist jemand, der unheimlich sorgfältig arbeitet – und arbeiten muss. Da er fast immer im Bereich des Strafrechts tätig ist und seine Ermittlungen vor Gericht Bestand haben müssen, ist es notwendig, dass er seine Ergebnisse und Schlussfolgerungen so genau wie möglich dokumentiert – durch Fotos, Videos, Tonbandaufnahmen oder Expertengutachten.

»Womit wollen wir anfangen?«, fragte ich, nachdem ich mich in einen der Besuchersessel hatte plumpsen lassen.

Achim drückte mir wortlos einen dicken Papierstapel in die Hand: seine Unterlagen zum Fall Carina Panitz. Ich blätterte sie durch: eine Kopie der Ermittlungsakte, Fotos vom Tatort, Fotos von Patrick Nitschke, die die Polizei noch in der Tatnacht gemacht hatte. »Wie wär's, wenn du dich erst mal reinliest und ich nebenbei einen Bericht fertig schreibe?«

Ich nickte und knöpfte mir die Unterlagen vor, während Achim anfing, seine Notizen abzutippen. Ich begann mit Nitschkes offizieller Aussage. Seiner Schilderung zufolge musste es eine wahre Horrornacht gewesen sein. Zunächst hatte der Abend harmlos begonnen. Nitschke hatte es sich angeblich mit einem Bier vor dem Fernseher gemütlich gemacht, einen Spielfilm angeschaut und war danach auf der Couch eingedöst. Irgendwann hatte ihn die Türklingel geweckt. Überrascht hatte er auf die Uhr gesehen: Es war bereits nach zwölf. Dann war er zur Tür gegangen, hatte den Knopf der Gegensprechanlage gedrückt, und Carina Panitz hatte sich gemeldet. Er sei schlagartig hellwach gewesen, denn zwischen ihm und Carina Panitz sei schon mal »was gelaufen«, und er habe gehofft, dass sie zu dieser späten Stunde mit eindeutigen Absichten gekommen war – so beschrieb Nitschke seine Reaktion auf die nächtliche Ruhestörung im Polizeiprotokoll. Zunächst war Nitschke zufolge alles so gekommen, wie er es sich erhofft hatte: Kaum hatte Carina Panitz die Wohnung betreten, hatte sie sich an ihn gepresst und begonnen, ihn wild zu küssen. Dann hatte sie an seinen Hosenbund gegriffen und ihn lächelnd mit ins Schlafzimmer gezogen. Dort hatten sich die beiden aufs Bett geworfen, doch statt ihn weiter zu küssen, hatte Carina Panitz eine Zigarette aus ihrer Handtasche hervorgeholt und Nitschke um Feuer gebeten. Während sie genüsslich rauchte, hatten sich die beiden einige Minuten unterhalten – über die Arbeit, ihre Pläne fürs Wochenende, über gemeinsame Bekannte. Dann hatte Carina Panitz ihre Zigarette ausgedrückt, sich über Nitschke gebeugt und sein Hemd aufgeknöpft. Am Ende waren beide nackt bis auf die Unterwäsche, und Nitschke hatte erwartet, so seine Aussage, dass es jetzt »zur Sache« gehen würde. Doch plötzlich hatte Carina Panitz zwei schwarze Nylonstrümpfe aus ihrer Handtasche genommen und lächelnd geflüstert, sie habe heute etwas Besonderes mit Nitschke vor – eine Überraschung. Dann hatte sie seine Handgelenke mithilfe der Strümpfe ans Kopfteil des Bettes gefesselt. Doch statt ihn weiter auszuziehen oder zu küssen, hatte sie sich plötzlich auf ihn geworfen, ein Tuch um seinen Hals geschlungen und zugezogen. Nitschke hatte in Panik um sich geschlagen und getreten – ohne Erfolg. Carina Panitz hatte ihren Griff nicht gelockert, und irgendwann hatte er das Bewusstsein verloren. Als er, ziemlich benommen, aufgewacht war, hatte er sich umgesehen und festgestellt, dass er allein im Zimmer war. Carina Panitz müsse ihn in dem Glauben, er wäre tot, zurückgelassen haben, lautete Nitschkes Schlussfolgerung. Dann hatte er entdeckt, dass sein Telefon auf dem Nachttisch lag, und ihm war es gelungen, mit den Füßen den Notruf zu wählen. Wenige Minuten später war die Polizei eingetroffen, habe die Tür aufgebrochen und ihn befreit.

So weit Nitschkes Version des Abends. An seiner Schilderung kam mir einiges unglaubwürdig vor. Warum hätte Carina Panitz Nitschke gleich nach ihrem Eintreffen ins Schlafzimmer zerren sollen, um sich dann erst mal in Ruhe eine Zigarette anzuzünden und sich mit ihm zu unterhalten? Und wenn sie den Mord geplant und alle dafür nötigen Utensilien mitgebracht hatte, hätte sie dann wirklich einen so dummen Fehler begangen und eine Zigarettenkippe am Tatort zurückgelassen?

Als Zweites las ich Carina Panitz' Aussage, die im Vergleich zu der Nitschkes ungewöhnlich knapp ausfiel. Sie gab darin an, dass sie Patrick Nitschke vor etwa drei Jahren kennengelernt hatte. Sie hatten dasselbe Fitnessstudio besucht und sich gelegentlich während oder nach dem Sport über die Geräte und die Trainer unterhalten. Alle paar Monate waren sie mit gemeinsamen Bekannten aus dem Studio um die Häuser gezogen. Dann, etwa ein halbes Jahr vor dem Tatabend hatte eine ihrer Freundinnen Geburtstag gefeiert, Nitschke war ebenfalls dabei gewesen. Sie waren durch die Bars gezogen, Panitz hatte einen Sekt nach dem anderen getrunken, später auch Tequila, und am Ende war sie im Vollrausch mit Nitschke nach Hause gegangen. Ein One-Night-Stand, mehr sei es nicht gewesen, hatte Panitz der Polizei gegenüber betont. Nach der gemeinsamen Nacht hatte sie nie wieder etwas mit Nitschke gehabt und nur noch selten etwas mit ihm unternommen. Seit Carina Panitz knapp drei Monate zuvor das Fitnessstudio gewechselt hatte, hatte sie Patrick Nitschke dann überhaupt nicht mehr gesehen oder gesprochen. Ein Alibi für die Tatzeit hatte sie nicht. Sie hatte angegeben, sie sei an dem Abend zu Hause gewesen, habe gekocht, gegessen, ein wenig Musik gehört und sei noch vor Mitternacht ins Bett gegangen. Zeugen gab es dafür nicht.

»Was sagt der Anwalt zu Carina Panitz' Geschichte?«, fragte ich Achim. Er hörte auf zu tippen und drehte sich zu mir um.

»Ist von ihrer Unschuld überzeugt. Die beiden kennen sich schon seit ein paar Jahren. Er hat sie zwei- oder dreimal rausgeboxt. Das waren aber alles keine großen Sachen.«

Ich sah Achim fragend an.

»Na, Ladendiebstahl und so was. Einmal hat sie versucht, ihre Versicherung übers Ohr zu hauen. Ihren

Anwalt hat sie aber nie belogen. Deshalb ist er sich sicher, dass sie die Wahrheit sagt. Außerdem traut er ihr einen Mord nicht zu. Gewalttätig ist sie noch nie geworden.«

Ich nickte und wandte mich wieder der Akte zu. Nachdem der Gerichtsmediziner bestätigt hatte, dass Nitschkes Strangulationsmerkmale am Hals und die Fesselungsmarken an den Handgelenken mit seiner Geschichte übereinstimmten, hatte die Polizei Panitz noch in derselben Nacht in ihrer Wohnung verhaftet. Die Beamten hatten sich für meinen Geschmack erstaunlich schnell auf Nitschkes Seite geschlagen. Das Ergebnis der Zigaretten-Analyse hatte seine Geschichte allerdings bestätigt. Auf dieses Indiz schien sich die Staatsanwaltschaft auch hauptsächlich zu stützen, denn, so las ich weiter, andere DNA-Spuren der Angeklagten waren am Tatort nicht sichergestellt worden. Das wiederum irritierte mich. Ich unterbrach die Lektüre und legte die Akte kurz beiseite.

»Ist dir auch aufgefallen, dass die Polizei außer der Zigarette überhaupt keine Spuren von Carina Panitz am Tatort gefunden hat?«, fragte ich Achim. »Wenn sie in der Tatnacht dort war und die beiden halb nackt im Bett gelegen haben, hätten die Beamten aber irgendetwas finden müssen, Fasern, Haare oder wenigstens Hautpartikel. Erst recht bei einem Kampf um Leben und Tod.«

»Haben sie aber nicht. Auch nicht am Körper oder der Kleidung von Nitschke«, erwiderte Achim. »Und komischerweise deutet auch sonst nichts darauf hin, dass es einen Kampf gegeben hat. Als die Polizei Patrick Nitschke gefunden hat, war das Bett nicht zerwühlt. Das Laken war glatt und faltenfrei, Nitschkes Kopf lag ordentlich auf eins der Kopfkissen gebettet, und auch der Gerichtsmediziner hat an Nitschkes Körper keine Spuren gefunden, die darauf schließen lassen, dass Nitschke und die Panitz miteinander gerangelt haben.«

»Die Spurenlage passt also nicht zu der Geschichte, die Nitschke der Polizei erzählt hat.«

»Nein. Und noch was ist mir aufgefallen.«

Ich hob die Augenbrauen.

»Als die Polizei ankam, lag eins der Kopfkissen rechts neben dem Bett auf dem Fußboden. Darauf befand sich das Telefon und darunter eine Schere.«

»Eine Schere?«

»Ja, das kommt auch später noch in der Akte. Eine handelsübliche Haushaltsschere. Die hat aber niemand weiter zur Kenntnis genommen. Und auf Fingerabdrücke ist sie auch nicht überprüft worden. Außerdem wurde in einem der anderen Zimmer im Papierkorb ein zerschnittener Herrenslip gefunden.«

»Wie bitte? Warum sollte man seine Unterhose zerschneiden, bevor man sie in den Müll wirft?«

»Keine Ahnung. Ist ebenfalls nicht weiter untersucht worden.«

»Das klingt, als ob die Polizei froh war, mit Carina Panitz eine Tatverdächtige ohne Alibi zu haben und dann alle anderen Spuren links liegen zu lassen.«

»Scheint so. Ich bin mir jedenfalls sicher, dass sie die Spuren am Tatort falsch interpretiert haben.«

Als Nächstes beugten wir uns über die Fotos, die die Gerichtsmedizin von Patrick Nitschke gemacht hatte. Ich hatte ein sonnenstudiogebräuntes Muskelpaket erwartet, doch der Mann auf den Bildern war blass, dünn und wirkte nicht übermäßig durchtrainiert. An seinem Hals zeichnete sich eine breite, ringförmige Rötung ab. Der Fotograf hatte außerdem die Fesselmarken an den Handgelenken dokumentiert.

»Fällt dir was auf?«, fragte mich Achim. »Schau dir mal die Handgelenke an.«

Widerwillig nahm ich eins der Bilder in die Hand. An Nitschkes Handgelenken zeichneten sich bei genauerem Hinsehen nicht nur dicke rote Striemen ab, sondern außerdem zahlreiche schmale Linien. Sie verliefen auf der Innenseite der Unterarme, quer zur Pulsader, und waren heller als die Haut um sie herum. Offenbar ältere Narben, die von Schnittverletzungen herrührten. Schnell legte ich die Fotos wieder auf den Tisch. Mit körperlicher Gewalt habe ich zum Glück nur in sehr seltenen Fällen zu tun. Ich glaube nicht, dass ich mich jemals an den Anblick einer tiefen Schnittwunde, einer verstümmelten Hand oder einer verkohlten Leiche gewöhnen werde. Wenn ich mit Spuren körperlicher Gewalt konfrontiert werde, zieht sich alles in mir zusammen. Wahrscheinlich weil ich mir unbewusst vorstelle, wie es wäre, wenn mir das jemand angetan hätte. Nitschkes Verletzungen waren zwar nicht so gravierend, aber trotzdem sah ich ihn plötzlich mit etwas anderen Augen. Die Narben sahen so aus, als ob Nitschke sich selbst mit einem Messer oder einer Schere verletzt hatte. Vielleicht, um sich zu bestrafen, vielleicht in einem zwanghaften Wahn, vielleicht sogar, um sich das Leben zu nehmen. Er war vermutlich nicht das Opfer von Carina Panitz, aber ein Opfer war er für mich dennoch. Er musste unter einem ungeheuren Leidensdruck gestanden haben, wenn er sich selbst auf diese Weise Gewalt angetan hatte.

»Glaubst du, Nitschke hat schon mal versucht sich umzubringen?«, fragte ich.

»Ich finde, die sehen eher nach Ritzernarben aus«, entgegnete Achim. »Auf jeden Fall bedeutet das, dass unser angebliches Opfer ernsthafte psychische Probleme hat oder irgendwann mal hatte.«

Ich nickte.

»Ich tippe mal, die Narben sind in den Ermittlungen ebenfalls nicht weiter berücksichtigt worden?«

»Nein, auch das hat niemanden interessiert.«

Achim und ich diskutieren noch eine Weile über die Widersprüche, auf die wir gestoßen waren. Uns war klar, dass an der Geschichte von Nitschke etwas faul war. Obendrein gab es nicht mal den Hauch eines Motivs. Wenn Achims Klientin unschuldig war – und davon ging auch ich mittlerweile aus –, dann gab es nur zwei Möglichkeiten: Entweder das Ganze war in etwa so abgelaufen, wie Nitschke es erzählt hatte, nur dass die Täterin nicht Carina Panitz war – doch das erklärte nicht das Fehlen von Kampfspuren, die Anwesenheit der Schere oder die Zigarettenkippe im Aschenbecher. Oder, und das hielten Achim und ich für wahrscheinlicher, Patrick Nitschke hatte die Tat nur vorgetäuscht. Die Frage war dann allerdings: Wozu? Einzig und allein, um sie hinterher Carina Panitz in die Schuhe zu schieben? War zwischen den beiden doch mehr gewesen, als nur ein One-Night-Stand? Und was war wirklich in der Tatnacht geschehen? Die Sache mit den Zigarettenkippen, auf die die Staatsanwaltschaft so sehr baute, konnten wir jedenfalls entkräften. Wenn Nitschke den Tatabend langfristig geplant hatte, hätte er in den Monaten zuvor gezielt Kippen von Carina Panitz sammeln und aufheben können. Das größere Problem war: Wie hatte Nitschke es geschafft, sich zu fesseln? Die Ermittlungsakte half uns bei dieser Frage nicht weiter, denn die Knoten waren nicht dokumentiert worden. Die Beamten vor Ort hatten Nitschke sofort losgemacht und dabei die Knoten durchtrennt, ohne sie vorher zu fotografieren. Dabei ist es bei Fesselungen Vorschrift, den Knoten so genau wie möglich zu dokumentieren oder sogar im Original zu sichern.

Mit der Frage der Fesselung waren wir an diesem Tag nicht weitergekommen, aber dafür hatten wir eine Strategie für unsere nächsten Ermittlungsschritte festgelegt. Wir waren uns einig gewesen, dass wir den angeblichen Tathergang nachstellen mussten, wenn wir herausfinden wollten, was wirklich geschehen war. Und dass wir mehr über die Beziehung zwischen Carina Panitz und Patrick Nitschke wissen mussten. Um Letzteres würde sich Achim kümmern. Er wollte Carina Panitz im Untersuchungsgefängnis besuchen, um mehr Details über ihr Verhältnis zu Nitschke aus ihr herauszukitzeln. Außerdem würde er mit einem Psychiater über den Fall sprechen. Wir hofften, dass wir Nitschkes Motiv auf diese Weise auf die Spur kommen würden.

Mein Job war es, die Nachstellung des Tathergangs vorzubereiten. Wir wollten die Situation so genau wie möglich durchspielen, um aufzuzeigen, dass Nitschkes Version der Ereignisse nicht stimmten konnte. Nur, wenn unsere Nachstellung vor Gericht Beweiskraft haben sollte, musste das Bett so genau wie möglich mit dem Original übereinstimmen. Und das hieß, dass ich Zugang zu Nitschkes Schlafzimmer brauchte. Da Achim und Nitschke im Lauf des Prozesses möglicherweise noch aufeinandertreffen würden, hatten wir entschieden, dass ich das ohne ihn durchziehen würde.

Sich Zutritt zu einer fremden Wohnung zu verschaffen, ist eine heikle Sache. Der Bewohner muss einen freiwillig hereinlassen, sonst begeht man Hausfriedensbruch. Das heißt, man muss sich eine gute Geschichte ausdenken und in eine Rolle schlüpfen, in der man glaubwürdig ist. Da ich von Rohren, Schläuchen und Schaltkreisen keine Ahnung habe, würde ich mich zum Beispiel nie als Klempner oder Elektriker ausgeben. Das Risiko, aufzufliegen, ist dann einfach zu groß. Die Rolle, die man wählt, sollte bei dem Bewohner außerdem möglichst etwas Positives hervorrufen, sonst hat man schlechte Karten. Vertreter oder Abo-Verkäufer beispielsweise wimmeln die meisten Leute sofort wieder ab oder machen ihnen erst gar nicht auf. Manchmal kommt einem allerdings auch der Zufall zu Hilfe. Vor Kurzem musste ich mir Zugang zur Wohnung einer Zielperson verschaffen, die unter dem Verdacht des Versicherungsbetrugs stand. Es ging um einen angeblichen Wasserschaden. Ein paar Stockwerke höher war gerade eine Wohnung frei, also klingelte ich bei der Zielperson und gab mich als Interessent aus: Leider sei niemand von der Hausverwaltung da, aber die freie Wohnung habe den gleichen Grundriss wie seine, ob ich kurz reinkommen könne? Die Zielperson hat keinerlei Verdacht geschöpft, wir schlenderten von Raum zu Raum, plauderten über den Schnitt der Wohnung, die Heizkosten, und landeten am Ende im Badezimmer – wo ein unübersehbarer Wasserfleck die Wand zierte.

Im Fall Carina Panitz kam uns die Vorarbeit zugute, die Achim bereits geleistet hatte. Er war bei seinen Recherchen auf einen Bekannten Nitschkes gestoßen, der noch ein Hühnchen mit Nitschke zu rupfen hatte. Jemand hatte dem Bekannten gesteckt, dass Nitschke ihn beim Pokern um mehrere Hundert Euro betrogen hatte. Wie es der Zufall wollte, hatte dieser Bekannte vor ein paar Monaten übergangsweise bei Nitschke gewohnt und noch einige Sachen in dessen Wohnung. Jetzt saß er wegen Körperverletzung im Knast, hatte aber täglich ein paar Stunden Freigang. Als Achim ihm in groben Zügen von unserem Anliegen erzählte, erklärte er sich sofort bereit, uns zu helfen.

Ein paar Tage nach dem Treffen mit Achim fuhr ich pünktlich um vier Uhr bei der Haftanstalt vor. Petersen, so hieß Nitschkes Bekannter, wartete bereits wie verabredet vor dem roten Backsteinbau, ein durchtrainierter Typ mit zurückgegeltem Pferdeschwanz und Kapuzenpulli. Gemeinsam fuhren wir zu Nitschkes Wohnung. Die beiden hatten zuvor telefoniert, Nitschke würde also zu Hause sein. Und er wusste, dass Petersen noch jemanden mitbringen würde, der ihm beim Transport der Sachen half. Die Fahrt verlief ereignislos. Die meiste Zeit hatte Petersen die Arme vor der Brust verschränkt und starrte mit grimmigem Blick aus dem Fenster. Meine Fragen beantwortete er nur einsilbig. Vielleicht dachte er an Nitschke und das Geld, das ihm durch die Lappen gegangen war. Vielleicht hatte er auch einfach schlechte Laune, weil er noch einige Monate abzusitzen hatte. Ich sagte ihm, er solle sich beim Zusammensuchen seiner Sachen unbedingt Zeit lassen und Nitschke in Gespräche verwickeln. Außerdem schärfte ich ihm ein, sich nicht mit Nitschke wegen des Geldes in die Haare zu kriegen. Nicht dass die beiden aneinandergerieten und Petersen am Ende seine Erlaubnis auf Freigang verlor. Außerdem wollte ich nicht riskieren, dass Nitschke uns aus der Wohnung warf, bevor ich alles erledigt hatte. Petersen nickte stumm, wandte den Blick aber nicht von der Fensterscheibe. Ich konnte nur hoffen, dass er mir zugehört hatte und sich an unsere Abmachung halten würde. Denn sollte die Situation eskalieren, wäre ich allein in der Wohnung mit zwei gewaltbereiten Männern, der eine verurteilt wegen Körperverletzung, der andere aller Wahrscheinlichkeit nach psychisch schwer gestört, mit einem Hang zur Selbstverletzung. Kurz durchzuckte mich der Gedanke, dass es manchmal vielleicht doch nicht so schlecht wäre, eine Waffe dabeizuhaben, doch ich schob ihn schnell beiseite. Ich trage grundsätzlich keine Waffen, weil Waffen eine brenzlige Situation sehr viel schneller eskalieren lassen. Nicht mal meine Schreckschusspistole habe ich je benutzt. Normalerweise braucht man als Detektiv keine Waffe, denn wenn ich jemanden beobachte, versuche, an ein Beweisstück zu gelangen, oder mit Leuten ins Gespräch kommen will, bringt eine Waffe mich nicht weiter. Wenn ein Fall mich in gewaltbereite oder sogar kriminelle Kreise führt, zum Beispiel ins Drogenmilieu, dann entscheide ich in der konkreten Situation, wie weit ich gehen will und wann Schluss ist. Ich versuche immer zu vermeiden, mich allein in Situationen zu begeben, in denen es brenzlig werden kann. Normalerweise jedenfalls.

Bevor ich mir weitere Gedanken machen konnte, waren wir auch schon bei Nitschkes Adresse angelangt. Der Türsummer zu dem Mehrfamilienhaus, in dem Nitschke wohnte, sprang sofort, nachdem Petersen auf den Klingelknopf gedrückt hatte, an. Nitschke musste schon auf uns gewartet haben. Als wir oben ankamen, stand er mit verschränkten Armen im Türrahmen. Er musterte mich prüfend, dann nickte er Petersen zu und ließ uns in die Wohnung.

»Kommt rein. Deine Sachen sind hinten im Gästezimmer«, sagte Nitschke an Petersen gewandt. Während wir den langen, schmalen Flur hinuntergingen, blieb ich hinter den beiden und wartete auf einen günstigen Moment, um Nitschke unauffällig zu vermessen. Um den Hergang nachzustellen, brauchten wir nicht nur einen originalgetreuen Nachbau des Bettes, sondern auch ein Double, das genauso groß war wie das angebliche Opfer. Leider tat Nitschke mir nicht den Gefallen, stehen zu bleiben. Wir kamen am Ende des Flurs an, wo sich das Gästezimmer mit Petersens Sachen befand. Während Petersen und ich die Kartons hochwuchteten, lehnte sich Nitschke lässig an den Türrahmen und sah uns zu. Er dachte überhaupt nicht daran, uns beim Tragen zu helfen. Als Petersen auf ihn zukam, gab er den Weg frei, und die beiden verschwanden im Flur. Ich nutzte die Gelegenheit und holte den Infrarot-Entfernungsmesser aus der Jackentasche. Dort, wo vorhin Nitschkes Kopf am Holz gelehnt hatte, hielt ich das Gerät an den Rahmen – die Stelle hatte ich mir so genau wie möglich eingeprägt. Der unsichtbare Strahl des Geräts maß 1,83 Meter bis zum Boden. Fast genau meine Größe. Ich notierte die Zahl, ließ das Messgerät wieder in die Jackentasche gleiten und schloss mit schnellen Schritten zu Petersen und Nitschke auf, der offenbar nichts bemerkt hatte.

Nachdem wir die erste Fuhre ins Auto geladen hatten, schleppten wir eine zweite Ladung Kartons nach unten. Anschließend gingen wir noch mal hoch, damit Petersen nachsehen konnte, ob irgendwo noch Sachen von ihm lagen. Und damit er Nitschke in ein Gespräch verwickeln konnte. Nachdem Petersen im Bad und in den übrigen Räumen nichts außer einer Tube Duschgel gefunden hatte, machte er sich daran, die Küche zu durchstöbern. Was mir schon im Flur und in den anderen Räumen aufgefallen war, bestätigte sich hier eindrücklich: Die Küche war penibel sauber und ordentlich. Die Bodenfliesen glänzten, keine Krümel, keine Flecken, nirgendwo lagen Geschirr oder leere Verpackungen herum. Nitschke musste entweder mehrmals die Woche eine Putzfrau kommen lassen oder unter zwanghaftem Putzwahn leiden. Während Petersen gemächlich eine Schranktür nach der anderen aufklappte, saßen Nitschke und ich am Esstisch und sahen ihm dabei zu, Nitschke mit gerunzelter Stirn und angestrengtem Blick. Ich hatte das Gefühl, er wollte uns so schnell wie möglich wieder loswerden. Er schien sich nicht wohlzufühlen mit Petersen, den er übers Ohr gehauen hatte, und mir, einem Fremden, allein in seiner Wohnung. Während Petersen weiter Regal für Regal durchstöberte und von seinem täglichen Sportprogramm im Knast erzählte, fragte ich, ob ich kurz das Bad benutzen könne. Nitschke sah mich mit zusammengekniffenen Augen an und nickte schließlich.

Ich begab mich wieder auf den langen Flur, doch statt das Badezimmer zu betreten, öffnete ich die einzige Tür, die mir bisher verschlossen geblieben war, und schlich mich lautlos ins Schlafzimmer. Rasch vermaß ich den Raum der Länge, Breite und Höhe nach. Das Bett war kleinteiliger, ich brauchte die Maße der Liegefläche, des Kopfteils, die Betthöhe, den Zwischenraum zwischen

Bett und Boden, die Nachttischschränke. Zum Schluss machte ich noch ein paar Fotos, dann schlüpfte ich zurück in den Flur. Die Stimmen, die vom anderen Ende des Flurs kamen, klangen inzwischen lauter als vorhin, lauter und aggressiver.

Als ich wieder die Küche betrat, bot sich mir folgendes Bild: Nitschke war von seinem Stuhl aufgestanden und hatte die Fäuste geballt, während Petersen ihm mit rotem Gesicht gegenüberstand und ihn wütend beschimpfte. Zum Glück befand sich der Küchentisch zwischen ihnen. »So, wollen wir dann mal?«, unterbrach ich die zwei und tat so, als ob nichts wäre. Ich hatte zwar alles erledigt, wollte aber trotzdem nicht riskieren, dass die Situation zwischen den beiden noch weiter eskalierte. Irritiert sahen Petersen und Nitschke mich an. »Ich hab gleich noch was zu erledigen«, fuhr ich unbeirrt fort, und an Petersen gewandt: »Hast du alles?« Petersen brummte eine unverständliche Antwort und schleuderte noch einen vernichtenden Blick Richtung Nitschke. Dann schnappte er sich sein Duschgel und ein Sixpack Red Bull, das er in einem der Küchenschränke aufgetrieben haben musste, und ich schob ihn eilig aus der Wohnung.

Während Achim und ich darauf warteten, dass die Tischlerei mithilfe der Maße und Fotos den Nachbau des Bettes fertigstellte, arbeitete ich an meinen eigenen Fällen weiter. Trotzdem schweiften meine Gedanken immer wieder zum Fall Carina Panitz. Die Strangulationsmale, die vom Gerichtsmediziner als solche bestätigt worden waren, die Knoten um Nitschkes Handgelenke – für all das hatten wir keine Erklärung. Zwischendurch rief

Achim an, um mir von dem Gespräch mit seiner Klientin zu berichten. Wie sich herausstellte, hatte sie der Polizei längst nicht alles erzählt, weil ihr die ganze Geschichte unangenehm war. Patrick Nitschke hatte sie schon vor der gemeinsamen Nacht öfter angebaggert, sie hatte ihm aber jedes Mal einen Korb gegeben. Nitschke war überhaupt nicht ihr Typ. Der One-Night-Stand war aus ihrer Sicht ein peinlicher Ausrutscher, der niemals hätte passieren dürfen. Die beiden waren an dem Abend in einer größeren Gruppe um die Häuser gezogen, und Carina Panitz hatte so viele Longdrinks getrunken, dass sie kaum noch geradeaus gucken konnte. Und so landete sie am Ende der Kneipentour volltrunken in Patrick Nitschkes Bett. In den Wochen danach hatte er sie noch stärker bedrängt als vorher. Er benahm sich eifersüchtig und besitzergreifend, pöbelte Männer an, mit denen sie sich unterhielt, wollte sich ständig mit ihr treffen. Panitz wimmelte ihn ab – ohne Erfolg. Nitschke ließ sie einfach nicht in Ruhe. Irgendwann hatte sie seine Aufdringlichkeit und seine Belästigungen nicht mehr ausgehalten und sich ein neues Fitnessstudio gesucht. Das war etwa drei Monate vor dem angeblichen Mordversuch gewesen. Nitschke hatte sie danach noch mehrmals auf dem Handy angerufen und ihr SMS geschickt. Beides hatte sie ignoriert.

Achim und ich waren uns einig, dass Nitschke auf Carina Panitz fixiert gewesen war. Er hatte sich offenbar in seine Gefühle für sie hineingesteigert, sie aber hatte ihn zurückgewiesen. Nur, reichte das wirklich aus, um jemandem einen Mord anhängen zu wollen? Ich war skeptisch. Wenn Nitschke den Abend wirklich von A bis Z durchgeplant hatte, musste er nicht nur durchtrieben und kaltblütig sein, sondern auch einen ungeheuren Hass auf die Frau haben.

Einen Tag nach dem Telefonat mit Achim meldete sich die Tischlerei: Unser Bett war fertig. Gemeinsam fuhren Achim und ich in die Werkstatt. Der Tischler war so nett, uns für die Nachstellung einen seiner Werkstatträume sowie Matratzen zu überlassen. Wir wiederum hatten Kissen, Bettlaken, Nylonstrümpfe und ein Halstuch mit dabei.

Als Erstes spielten wir Nitschkes Version nach. Wir hofften, dass wir dabei auf erste Widersprüche stoßen würden. Da Nitschke und ich gleich groß waren, schlüpfte ich in die Rolle des angeblichen Opfers. Wir bezogen das Bett mit einem Baumwolllaken, und ich legte mich in T-Shirt und Shorts auf die Matratze. Währenddessen baute Achim am Fußende des Bettes eine Videokamera auf, um unsere Versuche zu dokumentieren. Dann knotete er meine Handgelenke an den Streben des Kopfteils fest, setzte sich rittlings auf mich und legte mir grinsend das Tuch, das ich besorgt hatte, um den Hals.

»Okay, also deine Arme sind festgebunden, jemand legt dir ein Tuch um den Hals und zieht zu. Wie wehrst du dich?«, fragte Achim.

Ich probierte es aus. Ich wand Kopf und Oberkörper hin und her und trat mit den Füßen um mich. Nachdem ich eine Minute lang einen Kampf um mein Leben simuliert und Achim Mühe gehabt hatte, seine Position zu halten, begutachteten wir das Ergebnis: Das vorher glatte Laken war völlig zerknittert und verrutscht. So in etwa hatten wir uns das vorgestellt. Das hieß, wenn Nitschke tatsachlich gedrosselt worden war, hatte er sich nicht zur Wehr gesetzt – die Polizei hatte das Bett schließlich glatt und ordentlich vorgefunden. Nur, warum hätte er sich ohne Gegenwehr umbringen lassen sollen?

Als Nächstes probierten wir die Sache mit dem Telefon aus. Nitschke hatte angegeben, dass er sich – nachdem er wieder zu sich gekommen war – mit den Füßen das Telefon geangelt hatte, das auf dem linken Nachttisch lag. Ich hatte ein Telefon desselben Typs besorgt, das Achim jetzt auf das provisorische Tischchen neben dem Bett legte, während ich noch immer festgebunden war. Das Telefon mit den Füßen zu fassen zu bekommen, erforderte einige Verrenkungen, aber nach vier vergeblichen Anläufen gelang es mir. Dann versuchte ich, 110 zu wählen. Ohne Erfolg. Die kleinen Tasten lagen so eng beieinander, dass ich bei jedem Fußtippen mindestens zwei gleichzeitig erwischte. Nach über zwanzig Wählversuchen gaben wir auf und erklärten das Experiment für gescheitert. Beziehungsweise für gelungen: Wir waren uns jetzt sicher, dass Nitschke den Notruf nicht auf diese Weise verständigt haben konnte.

Im zweiten Durchgang versuchten wir, das Ganze so durchzuspielen, wie es abgelaufen sein könnte, wenn Nitschke den Überfall nur vorgetäuscht hatte. Nachdem Achim mich losgemacht hatte, setzte ich mich aufs Bett und legte den Telefonhörer griffbereit ans rechte Kopfende des Bettes.

»Okay, wie verpasst du dir die Drosselmale? Das musst du erledigen, bevor du dich ans Bett fesselst«, sagte Achim.

Ich legte mir das Tuch von hinten um den Hals, überkreuzte die Enden vorne, dann zog ich zu und hielt die Luft an. Es drückte, unangenehm, aber nicht so stark, dass es zu sehr schmerzte. Nach gut einer Minute lockerte ich das Tuch und schnappte nach Luft. Achim begutachtete meinen Hals und verglich ihn mit einem der Fotos.

»Hmm, dein Hals ist nur ganz leicht gerötet. Auf den Bildern sieht es viel krasser aus. Nitschke hat richtige Striemen am Hals.«

»Dann hat er es anders gemacht. Ein bisschen fester hätte ich noch zuziehen können, aber nicht viel.«

»Vielleicht hat er sich mit den Fingernägeln gekratzt?«, schlug Achim vor.

»Glaube ich nicht, dann würde man eher einzelne kurze Striemen sehen und keine breiten Streifen.«

Ich spielte mit dem Tuch in meiner Hand und überlegte. Dann kam mir eine Idee.

»Sieht mein Hals inzwischen wieder normal aus?«

Achim nickte. Ich legte mir das Tuch knapp unterhalb des Kehlkopfes an den Hals und begann, es langsam aber druckvoll hin- und herzuziehen.

»Vielleicht ist Reibung die Lösung«, krächzte ich.

Achim legte den Kopf schief und nickte zögerlich. Nach einer knappen Minute hörte ich auf, und Achim begutachtete erneut meinen Hals.

»Nicht schlecht«, grinste er. »Das kommt den Fotos von Nitschke ziemlich nahe. Breiter roter Streifen, der am Rand schmaler wird. In der Mitte, wo du am stärksten gerieben hast, ist es stärker gerötet als am Rand.«

»Ich frage mich nur, was er als Hilfsmittel benutzt hat. Im Schlafzimmer ist kein Tuch oder etwas Ähnliches gefunden worden, oder?«

Achim schüttelte den Kopf. Dann sah er mich an. »Aber neben dem Bett lag eine Schere …«

»… und im Mülleimer im Nebenzimmer eine zerschnittene Unterhose«, ergänzte ich.

Das würde die Spurenlage jedenfalls erklären. Vielleicht besaß Nitschke weder Halstuch noch Schal und hatte deshalb einen Slip genommen und ihn in der Mitte zerschnitten, damit ein längliches Stück Stoff entstand. Blieb allerdings noch die Fesselung, die Nitschke irgendwie bewerkstelligt haben musste. Wir probierten es aus. Ich nahm die zwei Strümpfe, legte die linke Hand an eine der Bettstreben und wickelte mit der rechten einen der Strümpfe zweimal um Handgelenk und Strebe. Dann schlang ich die beiden Enden zu einem einfachen Knoten zusammen, setzte einen zweiten darüber, und schon war meine Linke am Bett fixiert. Nur, was sollte ich jetzt mit der Rechten anfangen? Ich probierte hin und her, versuchte, Zähne und Füße zur Hilfe zu nehmen, aber ich schaffte es nicht, den Strumpf auch nur lose um Handgelenk und Bettstrebe zu knoten.

»So funktioniert das nicht«, stellte ich enttäuscht fest. Ich überlegte. »Was ist, wenn er die Schlinge samt Knoten mit beiden Händen vorbereitet hat? Bevor er die linke ans Bett gefesselt hat?«

»Das könnte sein«, sagte Achim und fing an, mit dem Strumpf zu hantieren. Er legte ihn zu einer doppelten Schlinge, gerade so groß, dass meine Hand hindurchpasste, und band die Enden hinter der Bettstrebe zu einem losen Knoten zusammen. Ich schlüpfte mit der freien Hand hinein. So weit so gut. Doch die Schlinge saß jetzt ziemlich locker und den losen Knoten auf der Rückseite festzuziehen, war einfach nicht möglich, sosehr ich meine Finger auch wand und streckte. Achim und ich waren ratlos. Hätte die Polizei die Knoten aufbewahrt oder fotografiert, wären wir an dieser Stelle weitergekommen, so aber tappten wir im Dunkeln. Achim band mich los. Während er unsere Utensilien zusammenpackte, zog ich mich an. Unser erstes Experiment war beendet.

Was das Motiv betraf, ergaben sich bald neue Erkenntnisse. Der Psychiater, den Achim hinzugezogen hatte, rief an, um uns seine Einschätzung mitzuteilen. Die hellen Stellen an Nitschkes Handgelenken stufte er als Ritzernarben ein. Er vermutete, Nitschke habe sich die Verletzungen mit einem Messer oder ähnlich scharfem Gegenstand zugefügt. Ritzer verletzen sich aus unterschiedlichen Gründen – zum Beispiel, um sich zu bestrafen, um sich zu spüren, um Druck abzubauen. Zusammen mit Nitschkes besitzergreifendem Verhalten Carina Panitz gegenüber hielt der Psychiater ein Borderlinesyndrom für wahrscheinlich. Borderliner litten unter starken Stimmungsschwankungen und Impulsivität. Sie neigten zu Selbstbeschädigung, zum Beispiel in Form von Alkohol- oder Drogenmissbrauch oder eben Autoaggressivität. Außerdem seien sie hochgradig beziehungsgestört. Sie hätten Angst, verlassen zu werden, aber gleichzeitig auch Schwierigkeiten, Nähe zuzulassen. Andere Menschen sähen sie oft wie durch einen Schwarz-Weiß-Filter: Sie liebten einen Menschen so sehr, dass sie keine schlechten Seiten an ihm entdecken konnten. Oder ihr Hass war so groß, dass sie die guten Seiten vollkommen ausblendeten. Soweit der Psychiater es aus der Distanz einschätzen konnte, hatte sich Nitschke in seine Gefühle für Carina Panitz hineingesteigert. Der One-Night-Stand hatte die Fixierung vermutlich noch verstärkt. Als sie ihn nach der gemeinsamen Nacht wieder zurückwies, war seine Liebe wahrscheinlich in Hass umgeschlagen. Einen Hass, der es in seinen Augen rechtfertigte, Carina Panitz einen Mordversuch anzuhängen. Achim und mir erschien diese Erklärung plausibel.

Unser zweites Experiment führte uns ins Studio eines Tontechnikers, der für uns den Mitschnitt der Rettungsleitstelle analysieren sollte. Der Beamte hatte erst beim Eintreffen der Kollegen in Nitschkes Wohnung aufgelegt, sodass eine Aufzeichnung von über zehn Minuten vorlag. Da Nitschke, wie unsere Nachstellung gezeigt hatte, nicht mit den Füßen gewählt haben konnte, hofften wir, dass sich für diese Beobachtung auf dem Band zusätzliche Beweise finden würden.

Während Achim und ich zwischen Kartons, Boxen und Mikrofonständern auf zwei Klappstühlen Platz nahmen, legte der bärtige Tontechniker die CD in eine Anlage, die zehnmal so groß war wie meine und unzählige Regler hatte. Dann hörten wir uns gemeinsam die Aufnahme an, die Achim und ich schon kannten. Nachdem der Beamte sich mit »Polizeinotruf Berlin« und seinem Namen gemeldet hatte, stöhnte eine Männerstimme kraftlos ins Telefon: »Hilfe, ich bin überfallen worden, Hilfe.« Der Beamte fragte nach dem Namen und der Adresse des Anrufers und danach, was passiert sei, erhielt aber keine Antwort. Während der folgenden Minuten hörte man gelegentlich ein leises Stöhnen, dann schließlich Polizeisirenen, ein Türklingeln und wenig später lautes Knacken und Bersten. Das war der Moment, in dem die Beamten Nitschkes Tür aufbrachen – die Notrufzentrale musste den Anruf zurückverfolgt haben. Dass Nitschke weder seinen Namen noch seine Adresse nannte, hatte Achim und mich schon beim ersten Hören stutzig gemacht. Wir vermuteten, dass er den Eindruck erwecken wollte, er liege völlig hilflos und halb ohnmächtig in seiner Wohnung. Die Frage war nur, wie er so sicher gewesen sein konnte, dass man das Gespräch zurückverfolgen, ihn finden und befreien würde. Kurz nach dem Bersten der Tür stoppte die Aufnahme. Die Beamten bestätigten ihrem Kollegen in der Zentrale ihr Eintreffen in der Wohnung, dann legte dieser auf, und die Aufnahme war zu Ende.

Achim und ich hatten die Aufzeichnung schon mehrmals gehört, aber nichts entdeckt, was uns weiterhalf. Der Tontechniker konnte der Aufnahme jedoch sehr viel mehr entlocken als wir. Nachdem er unsere Angaben über die Maße des Raumes, die Beschaffenheit von Wänden und Boden, sowie die Größe und Lage der darin befindlichen Möbel notiert hatte, hatte er sich Kopfhörer aufgesetzt und sich an die Arbeit gemacht. Nachdem wir eine halbe Stunde lang gewartet und leise miteinander geflüstert hatten, präsentierte er uns seine Ergebnisse: Das Telefon hatte sich bei Nitschkes Anruf eindeutig nicht zwischen seinen Füßen befunden. Die Stimme, die zu Beginn der Aufzeichnung sagte: »Hilfe, ich bin überfallen worden«, klang zwar schwach, war aber dennoch so laut und klar zu hören, dass die Person direkt in den Hörer gesprochen haben musste. Außerdem hatte er festgestellt, dass das Stöhnen eindeutig von weiter weg kam, nachdem die Sirenen zu hören gewesen waren. Auch das passte zu unserer Theorie. In den Akten stand, dass das Telefon bei Ankunft der Polizei auf einem Kissen neben dem Bett gelegen hatte. Vermutlich hatte sich Nitschke den Hörer anfangs an den Kopf gehalten und ihn, sobald die Sirenen signalisierten, dass Hilfe nahte, auf das Kissen gelegt. Um einen zusätzlichen Beweis zu haben, machten wir abschließend eine Testaufnahme, bei der Achim Nitschke spielte. Bei der ersten Aufnahme lag Achim auf einer Decke auf dem Fußboden und hielt den Hörer zwischen seinen Füßen. Die Aufnahme war so leise und undeutlich, dass man Achim auf dem Band nicht verstehen konnte. Bei der zweiten Aufzeichnung hielt er den Hörer direkt an den Kopf, sagte Nitschkes Text auf, stöhnte ein paarmal und legte den Hörer dann auf den Boden. Das Ergebnis kam der Notrufaufzeichnung überraschend nahe.

Nach dem Termin beim Tontechniker fuhren wir in Achims Büro. Während der Fahrt sortierten wir unsere bisherigen Ergebnisse. Da waren die fehlenden Kampfspuren im Bett und an Nitschkes Körper, wir hatten dokumentiert, dass Nitschke nicht mit den Füßen gewählt haben konnte und zusätzlich den akustischen Beweis, dass das Telefon sich beim Anruf dicht an Nitschkes Kopf befunden haben musste. Wir konnten belegen, wie sich Nitschke die Würgemale am Hals zugefügt hatte, und damit zugleich das Vorhandensein der Schere und der zerschnittenen Unterhose erklären. Wir hatten ein Motiv. Was blieb, war die rätselhafte Fesselung.

Im Büro angekommen, verschwand Achim sofort in der Küche und kehrte kurz darauf mit zwei Holzstühlen zurück. Wortlos drückte er mir einen der Nylonstrümpfe in die Hand, und wir legten los. Eine halbe Stunde lang mühte sich jeder von uns schweigend damit ab, sich einhändig an die Stuhllehne zu fesseln. Vergeblich. Während ich gerade mit der Linken in einer vorbereiteten Schlinge steckte und das Handgelenk ratlos hin und her baumeln ließ, sah mich Achim plötzlich an, als ob er gerade eine Erleuchtung gehabt hätte.

»Kannst du dein Handgelenk mal drehen?«

»Wie, drehen?«

»Im Kreis. Quasi um die Schlinge rum.«

Ich überlegte kurz. Dann drehte ich meine Handfläche, die bislang nach vorne gezeigt hatte, zur Stuhllehne und ließ sie unter dem kleinen Stück Strumpf, dass sich zwischen meiner Hand und der Lehne spannte, hindurchtauchen. Dabei drehte sich auch die Schlinge mit. Als meine Hand wieder in ihrer Ausgangsposition angekommen war, war die Schlinge enger geworden. Ich wiederholte den Vorgang einige Male. Die Schlinge schnürte sich fester und fester um mein Handgelenk, während sich dahinter, zwischen meiner Hand und der Lehne, ein kleiner Wulst bildete.

»Mensch, ich glaube, wir haben es!«, rief Achim begeistert. »Das ist wirklich der perfekte Fesseltrick. Damit könnten wir in einer Zaubershow auftreten«, meinte Achim.

Ich nickte und schmunzelte.

»Fragt sich nur, wer von uns beiden sich ein knappes Kleid anzieht und die Assistentin spielt.«

Der Trick war wirklich genial. Einfach, aber doch genial. Der kleine Wulst, der sich beim Eindrehen gebildete hatte, war von vorne überhaupt nicht zu sehen, weil er elegant von meiner Hand verdeckt wurde. Kein Wunder, dass die Polizisten nichts bemerkt hatten. Ich befreite mein Handgelenk wieder, Achim holte die Kamera raus, und ein paar Minuten später hatten wir auch den letzten Beweis im Kasten.

Nachdem wir das Rätsel der Fesselung gelöst hatten, war meine Arbeit am Fall Carina Panitz beendet. Ich hatte mit anderen Fällen zu tun: geklaute Baugerüste, Falschabrechnungen in einem Krankenhaus, betrogene Ehefrauen ... Monatelang hörte ich nichts von Achim, doch dann rief er eines Tages an. Der Prozess gegen Carina Panitz war vor Kurzem zu Ende gegangen. Seine Klientin war in allen Punkten freigesprochen worden. Achim berichtete, dass der Chef der Berliner Gerichtsmedizin offiziell bestätigt hatte, dass unsere Version der Selbstfesselung und Selbststrangulierung plausibel war und mit dem Spurenbild übereinstimmte. Auch die Analyse des Tonbands hatte man vor Gericht berücksichtigt. Darüber hinaus hatte Achim im Lauf des Prozesses zwei weitere Dinge entdeckt, die zu unserer Rekonstruktion des Tathergangs passten: Nitschke war vor ein paar Jahren für längere Zeit in einer geschlossenen psychiatrischen Anstalt gewesen. Und er hatte genau gewusst, dass er seinen Namen und die Anschrift am Telefon nicht unbedingt nennen musste, weil die Notrufstelle seine Adresse auch so ermitteln würde. Ein paar Tage vor dem vorgetäuschten Mordversuch hatte er eine Generalprobe durchgeführt: Er hatte 112 gewählt, einen Kreislaufkollaps vorgetäuscht und sich von der Feuerwehr ins Krankenhaus fahren lassen, wo man ihn nach einer kurzen Untersuchung wieder entlassen hatte. Auch dieser Notruf war aufgezeichnet worden und konnte vor Gericht als entlastendes Indiz für Carina Panitz gewertet werden.

»Nitschke hat also alles akribisch geplant«, fasste ich zusammen. »Und das alles, um seiner Angebeteten einen Mordversuch anzuhängen. Wie hat er auf ihren Freispruch reagiert?«

»Hat sich nichts anmerken lassen, aber ich glaube, in ihm hat es ziemlich gebrodelt. Jedenfalls ist er den ganzen Prozess über bei seiner Version geblieben. Wahrscheinlich glaubt er selbst an seine Lügengeschichten.«

»Kann sein«, antwortete ich. Ich erzählte noch kurz von meinen aktuellen Fällen, als ich hörte, wie im Hintergrund Achims Handy klingelte.

»Ich muss auflegen, ich meld mich, wenn ich wieder was hab«, verabschiedete er sich.

»Gern, aber wenn's geht, nächstes Mal ohne Psychopathen«, antwortete ich.

»Schau'n wir mal«, lachte Achim und legte auf.

BAUER SUCHT FRAU

»Lieber Karsten, ich halt's hier einfach nicht mehr aus. Bitte verzeih mir. Ich wünsch dir alles Gute, Deine Steffi«, hatte auf dem Zettel gestanden, den Karsten Frantzen vor ein paar Tagen im Zimmer seiner Frau gefunden hatte. In unserem Telefonat hatte Frantzen darauf bestanden, die Details persönlich mit mir zu besprechen, bevor ich zwei Tage später mit der Arbeit beginnen würde, schließlich gehe es um eine sehr »delikate Angelegenheit«, wie er es formulierte. Also fuhr ich am Sonntagnachmittag nach Thüringen. Nach knapp drei Stunden Fahrt bog ich auf einen großen Hof, der von einem Fachwerkhaus mit Anbau sowie zwei großen Scheunen umsäumt war. Karsten Frantzen war Landwirt, das hatte er schon am Telefon erzählt. Während ich parkte, kam ein Mann über den Hof auf mich zugelaufen. Er trug braune Cordhosen, Gummistiefel und eine dunkelgrüne Arbeitsjacke.

»Herr Wolff, nehme ich an. Frantzen«, sagte er mit fester Stimme und streckte mir seine Hand entgegen.

»Wir können gleich reingehen, die Sieglinde hat schon Kaffee aufgesetzt. Aber erst gebe ich Ihnen eine kleine Führung über den Hof, wenn's Ihnen recht ist.«

Ohne eine Antwort abzuwarten, marschierte Frantzen auf die am nächsten gelegene Scheune zu und wartete vor dem Eingang auf mich. Dann öffnete er schwungvoll die Tür und gab den Blick auf sechs oder sieben Landwirtschaftsfahrzeuge frei.

»Mein Fuhrpark«, meinte Frantzen stolz, und dann folgte ein Schwall von Erklärungen über gefederte Kabinen, Dreschaggregate, die Vermeidung von Kornverlusten, die jeweiligen Vorzüge von Front- und Heckladern und so weiter. Ich verstand zwar nur die Hälfte, doch was ich heraushörte, war, dass Frantzen großen Wert auf Effizienz, Qualität und auf moderne Technik legte. Und dass er den Ertrag seiner siebzig Hektar Ackerland über die letzten Jahre kontinuierlich hatte steigern können. Frantzen schien durch und durch Geschäftsmann zu sein.

Nachdem er seinen landwirtschaftlichen Vortrag beendet hatte, gingen wir zum zweiten Gebäude, von dem ein Surren und Klappern ausging. Bevor er das Tor öffnete, drehte Frantzen sich zu mir um. Das Strenge und Geschäftsmäßige war plötzlich aus seinem Gesicht verschwunden. Stattdessen hatte sich ein Lächeln darauf breitgemacht, und seine Augen leuchteten. »Jetzt kommen wir zum Herzstück des Hofes«, flüsterte er geheimnisvoll und öffnete die Tür. Dahinter lag ein großer Stall. An einer Seite befanden sich zahlreiche Boxen, an der anderen Futtertröge. Von rechts hörte man Muhen, Stapfen und ein elektrisches Summen.

»Jetzt ist grad Melkzeit«, meinte Frantzen fröhlich und führte mich in einen zweiten abgetrennten Bereich, zu den Melkständen. In zwei Reihen standen rund zwanzig Kühe nebeneinander und wurden gemolken oder warteten darauf. Zwei junge Männer kümmerten sich um das An- und Ablegen der Melkgeschirre.

»Alles schwarzbunte Holsteiner. Schöne Tiere. Sehr sanftmütig und klug. Das hier ist die Mary.« Frantzen ging auf eine der vorderen Kühe zu und tätschelte ihr zärtlich den Hals. »Mary ist unsere feine Dame, hat einen sehr eleganten Gang, suhlt sich nie im Dreck, nicht wahr? Bist 'ne Feine.« Er kraulte die Kuh hinter den Ohren. »Und das hier rechts ist die Franzi. Die hat's gern, wenn man ihr beim Melken ein bisschen den Bauch streichelt. Und da hinten«, er zeigte zu einem seiner Mitarbeiter, »wird gerade die Luzi gemolken. Das ist unsere Schlauste. Wenn der Tierarzt kommt, dann rennt die sofort ans hintere Ende der Koppel und fängt da an zu grasen, als ob nichts wär'. Wissen Sie, mein Vater, der hat sein Leben lang nur Ackerbau betrieben. Aber meine große Liebe waren schon immer die Kühe. Und als ich dann den Hof übernommen hab, hab ich meinen Traum wahr gemacht und diesen Stall hier gebaut.«

Ich war baff. Der gleiche Mann, der eben noch den großen Geschäftsmann gegeben und über Technik und Ertragssteigerung doziert hatte, hegte eine Leidenschaft für schwarz-weiß gescheckte Milchkühe. Nachdem die Kuhschau beendet war, folgte ich Frantzen in das weiß getünchte Fachwerkhaus. Durch den hellen Flur gelangten wir in eine Wohnstube mit rustikalen Holzbalken, aber auch einem modernen Kamin und riesigem Flachbildfernseher. Frantzen führte mich zu einem großen Tisch, der akkurat gedeckt war: karierte Tischdecke, Kaffeetassen, Teller, Besteck und in der Mitte ein großer

Apfelkuchen. Nichts deutete darauf hin, dass die Hausfrau getürmt war. Ich nahm auf einem der gepolsterten Holzstühle Platz. Kurz darauf kam eine ältere Dame mit der Kaffeekanne herein, goss uns ein, schob jedem ein Stück Kuchen auf den Teller und verschwand dann wieder.

»Das ist Sieglinde, aus der Nachbarschaft«, erklärte Frantzen. »Die kommt jetzt ab und zu vorbei und kocht, putzt, was halt so zu tun ist im Haus. Sie wissen ja, wie das ist, als Mann kennt man sich mit diesen Frauenarbeiten nicht so aus.«

Na, das konnte man unterschiedlich sehen. So langsam bekam ich eine erste Ahnung, warum Frau Frantzen das Weite gesucht hatte.

»Ihre Frau ist also seit einer Woche fort?«

»Was heißt hier fort? Die ist einfach abgehauen und hat mich sitzen lassen!« So liebevoll und fröhlich Frantzen eben noch mit den Kühen gewesen war, jetzt, wo es um seine Frau ging, wirkte er knallhart. »Und wie steh ich jetzt da?«, fuhr er fort. »Sie können sich ja vorstellen, was die Leute reden. Die zerreißen sich alle schon das Maul, da können Sie Gift drauf nehmen! Die denken doch, dass die Steffi mit einem anderen durchgebrannt ist. Und ich steh' plötzlich wie ein Volltrottel da.«

Missmutig starrte er in seine Kaffeetasse.

»Glauben Sie das auch? Dass Ihre Frau einen anderen hat?«

»Was denn sonst? Einen aus der Stadt wahrscheinlich. Einen, der ihr das Blaue vom Himmel versprochen hat, damit sie mit ihm geht. Dabei hat sie hier bei mir doch alles, was sie braucht! Das große Haus, die Natur, die Kühe, und ich tu doch auch alles für sie.«

Frantzens Reaktion war typisch. Wenn Männer fürchten, dass ihre Frau einen anderen hat, geht es oft um einen möglichen Gesichtsverlust. Darum, wie man vor den Kollegen, den Freunden, den Nachbarn dasteht. Ihren Kumpels erzählen Männer lieber, sie hätten ihre Frau rausgeschmissen, als zuzugeben, dass sie ausgezogen ist oder sich in jemand anderen verliebt hat. Frauen hingegen stellen sich viel stärker oder zumindest offener selbst infrage. Sie wollen nicht nur Bescheid wissen, ob ihr Mann sie betrügt, sie wollen wissen, wie die andere Frau ist und was die hat, was sie selbst nicht haben. Dafür brechen Frauen meistens aber auch viel stärker zusammen, wenn man ihnen am Ende die bittere Wahrheit präsentiert – selbst wenn sie es schon geahnt haben.

»Wann haben Sie gemerkt, dass Ihre Frau nicht mehr da ist?«, fragte ich Karsten Franzen.

»Letzten Freitag in der Frühe muss das gewesen sein.«

»Sie ist also mitten in der Nacht abgehauen?«

»Also ... na, wir haben zwei Schlafzimmer. Weil ich manchmal so laut schnarche. Meine Frau hat links vom Flur ihr Zimmer.« Er zeigte Richtung Zimmerdecke. »Ich hab meins rechts vom Flur. Jedenfalls bin ich an dem Tag wie immer zeitig aufgestanden, und als ich mich anziehen wollte, waren meine Sachen nicht da.«

»Wie, Ihre Sachen waren nicht da? Hat Ihre Frau etwa Ihren Kleiderschrank leergeräumt, bevor sie weg ist?«

»Ach nein«, druckste er herum. »Aber die Steffi legt mir immer die Anziehsachen raus für den Tag, schön ordentlich auf einen Stapel. Und am Donnerstag war der Stapel nicht da. Da hab ich mich gewundert, aber ich musste los, also hab ich mir irgendwas aus dem Schrank gegriffen. Als ich dann mittags heimgekommen bin, war es so merkwürdig still im Haus. Normalerweise kommt mir unser Hund, der Ronnie, immer entgegengerannt, sobald ich zur Tür reinkomm. Ich hab' ein paarmal gerufen, aber der Ronnie war nicht da. Dann hab' ich die Steffi gerufen, aber da kam auch keine Antwort. Ich hab' gedacht, dass sie vielleicht in die Stadt gefahren ist, aber da nimmt sie den Hund normalerweise nicht mit. Also bin ich hoch in ihr Zimmer, aber da war sie auch nicht. Meine Frau war nicht da und ihre Sachen auch nicht. Dafür lag dann ein Zettel da. ›Ich kann nicht mehr, bitte lass mich in Ruhe, ich brauche Zeit‹, stand drauf. Und vorgestern kam dann das Schreiben, dass sie sich scheiden lassen will.«

Die Frau machte wirklich Nägel mit Köpfen.

Zuerst aber musste ich mich von der Echtheit der Nachricht überzeugen. »Ist das auch wirklich ihre Handschrift?«, fragte ich Frantzen, was er mir ohne Zweifel bestätigen konnte.

»Und was für Sachen hat Ihre Frau mitgenommen, können Sie das genauer beschreiben?«

»Also, ehrlich gesagt, nein. Ich war schon eine Ewigkeit nicht mehr in ihrem Zimmer. Aber die Schränke waren alle leer. Alle ihre Klamotten waren weg und was sie sonst noch hatte, Bücher, Bettdecke, Kopfkissen, das kleine Nachtschränkchen und so ein kleines Regal. Ach, und das Hundefutter, den Korb und das Spielzeug vom Ronnie hat sie natürlich auch mitgenommen.«

Das klang ganz so, als ob die Frantzens schon länger nur noch nebeneinanderher gelebt hatten. Der Bauer schien jedenfalls seit Monaten nicht im Zimmer seiner

Frau gewesen zu sein. Ich bekam mehr und mehr den Eindruck, dass sich Frantzen hundertmal liebevoller um seine Kühe kümmerte als um seine Ehefrau.

»Herr Frantzen«, sagte ich vorsichtig, »ich will Ihnen nicht zu nahe treten, aber das kann ihre Frau unmöglich alles in der einen Nacht mitgenommen haben. Vor allem nicht, ohne dass Sie etwas gemerkt haben. Ein Regal, ein Nachtschrank? Auf mich wirkt das so, als ob sie das Ganze schon länger vorbereitet hat.«

Frantzen nickte etwas abwesend, sagte aber nichts.

»Und wenn sie das alles sorgfältig geplant hat, heißt das möglicherweise, dass es nicht so leicht wird, sie aufzuspüren.«

In dem Moment wusste ich auch gar nicht, ob ich das wollte. Ein Mann, der von seinen Kühen liebevoller sprach als von seiner Frau und der nur deshalb gemerkt hatte, dass sie fort war, weil sein Kleiderstapel und der Hund fehlten? Als Detektiv muss man sich als Erstes immer die Frage stellen: Was für eine Berechtigung hat mein potenzieller Auftraggeber, den Menschen, der nicht mehr mit ihm zusammenleben will, suchen oder beobachten zu lassen? Einmal hat mich ein Ehepaar beauftragt, ihre sechzehnjährige Tochter zu suchen. Die beiden waren mit den Nerven völlig am Ende, weil das Mädchen schon seit Tagen verschwunden war und die Polizei bislang keine Spur hatte. Am Ende stellte sich heraus, dass das Mädchen in ein Frauenhaus geflüchtet war, weil ihr Vater sie schlug. Natürlich gab ich den Aufenthaltsort nicht an die Eltern weiter, sondern brach an dieser Stelle den Auftrag ab. Andererseits, was Frantzen betraf: Er mochte unaufmerksam und ein bisschen herrschsüchtig sein, aber dass er seine Frau misshandelt hatte, konnte ich mir nicht vorstellen. Auch der Zettel, den sie ihm hinterlassen hatte, klang nicht so, als ob sie vor einem Peiniger geflohen wäre.

Ich fragte weiter, und Frantzen erzählte, dass er und seine Frau erst seit vier Jahren verheiratet waren und sie kurz vor der Hochzeit zu ihm auf den Hof gezogen war. Stefanie Frantzen war rund sechs Jahre jünger als ihr Mann. Sie hatte Bürokauffrau gelernt und vor ihrem Umzug aufs Land bei den Stadtwerken gearbeitet. Danach hatte sie dort nur noch gelegentlich ausgeholfen, ansonsten hatte sie sich um den Haushalt gekümmert und ihren Mann bei der Buchhaltung unterstützt. Laut Frantzen verstanden seine Frau und er sich gut, sie stritten sich fast nie. Wann auch, fragte ich mich, wenn die beiden getrennte Schlafräume hatten und tagsüber jeder seiner Arbeit nachging. Für Frantzen hatte es jedenfalls keine Anzeichen gegeben, dass seine Frau wegwollte. Es gab da allerdings einen ehemaligen Kollegen, mit dem Stefanie Frantzen sich sehr gut verstanden und zu dem sie noch Kontakt gehabt hatte. Diesen Kollegen hatte Frantzen jetzt in Verdacht. Leider wusste er nur den Vornamen, Jochen, mehr nicht. Ansonsten gab es noch Nadine Bergstedt, eine gute Freundin, die Frantzens Frau aus Schulzeiten kannte. Frantzen vermutete, dass seine Frau entweder bei ihrem Liebhaber oder bei ihrer Freundin untergekommen war. Er hatte Nadine Bergstedt bereits angerufen, aber sie hatte ihm nicht sagen wollen oder können, wo seine Frau war.

»Die zwei halten zusammen wie Pech und Schwefel«, schimpfte er. »Dabei weiß Nadine genau, wie gut die Steffi ’s bei mir hat.«

Dann erzählte er, dass drei Tage später ein erstes Gespräch mit seiner Frau und den Anwälten anberaumt war. Vorher wollte er unbedingt allein und in Ruhe mit seiner Frau sprechen und sie auf seine Art wieder »zur Vernunft bringen«.

»Was mach ich denn bloß, wenn sie sich wirklich scheiden lassen will?«, jammerte er schließlich. Seine Empörung war inzwischen in Verzweiflung umgekippt. »Was soll ich denn den Leuten hier im Dorf sagen? Und was soll aus mir werden und aus dem Hof? Die Steffi und ich haben's so schön zusammen gehabt. So eine find' ich garantiert kein zweites Mal.«

Franzten schluchzte. Ich sah betreten zu Boden.

»Ach, Herr Wolff, Sie müssen mir unbedingt helfen, die Steffi zurückzubekommen. Allein geh ich doch vor die Hunde!«

Jetzt tat mir Frantzen doch ein wenig leid. So unaufmerksam und herrisch er sein mochte, er hing offenbar sehr an seiner Frau. Und nicht nur, weil sie ihm den Haushalt so gut führte, das spürte man. Leider war Stefanie Frantzens Freundin Nadine Bergstedt der einzige richtige Anhaltspunkt. Andere enge Freundinnen schien Frantzens Frau nicht zu haben, und zu ihrer Familie, die in Süddeutschland lebte, hatte sie wenig Kontakt. Frantzen wusste, dass sich seine Frau und ihre Freundin öfter in der Stadt getroffen und einmal die Woche Sport gemacht hatten. Was genau für Sport das war und wo die beiden trainiert hatten, wusste Frantzen wiederum nicht – »so ein bisschen Hüpfen mit Musik, glaube ich«, war die konkreteste Information, die er mir geben konnte. Also beschlossen wir, dass ich Nadine Bergstedt und ihre Wohnung während der kommenden zwei Tage beobachten würde, in der Hoffnung, Stefanie Frantzen dort zu entdecken. Frantzen gab mir Fotos von seiner Frau und ihrer Freundin mit.

Wir gingen die Beobachtung zu zweit an. Während Julia sich mit ihrem Wagen vor Nadine Bergstedts Wohnung postierte, blieb ich an der Bewohnerin dran. Sie ging gegen halb neun aus dem Haus, fuhr mit dem Auto zur Arbeit, kam gegen sechs Uhr heim und verbrachte den Abend zu Hause, ebenso am zweiten Tag. Weder traf sie Stefanie Frantzen, noch ließ die sich in der Nähe der Wohnung blicken. Damit war die Möglichkeit eines Vier-Augen-Gesprächs vor dem Anwaltstermin geplatzt.

Plan B sah vor, dass wir Stefanie Frantzen am folgenden Tag von dem Treffen bei der Kanzlei ihrer Anwältin aus beschatteten und so ihren Aufenthaltsort herausfanden. Und so fuhren Julia und ich am Mittwochnachmittag eine Stunde vor dem Treffen mit zwei Fahrzeugen vor. Ich positionierte mich in der Nähe der Kanzlei, Julia an der nächstgrößeren Zufahrtsstraße in Richtung Autobahn. Um ganz sicher zu gehen, hatte ich zudem Verstärkung von einem ortskundigen Kollegen angefordert, der sich in Richtung Ortszentrum postiert hatte. Ich fand den Aufwand übertrieben, zumal der Einsatz dadurch für Frantzen absurd teuer wurde. Doch er sah in der Beschattung seiner Frau die einzige Chance, herauszufinden, wo sie untergekommen war. Um kurz vor vier fuhr Karsten Frantzen vor. Er hatte sich extra schick gemacht, dunkler Anzug, Krawatte, streng gescheitelte Haare – ich hätte ihn beinahe nicht wiedererkannt. Vor dem Eingang der Kanzlei wartete er und sah sich dabei nervös um. Wenige Minuten später erschien sein Anwalt auf der Bildfläche, und die beiden gingen hinein. Stefanie Frantzen war immer noch nicht aufgetaucht. Nach einer Viertelstunde kamen Frantzen und sein Anwalt wieder heraus. Frantzen sah verärgert aus. Er ging direkt auf meinen Wagen zu und setzte sich auf den Beifahrersitz.

»Sagen Sie Ihren Kollegen Bescheid, dass sie wieder nach Hause fahren können. Meine Frau kommt nicht mehr.«

Ich sah ihn fragend an.

»Sie hat sich entschieden, doch nicht zu dem Treffen zu erscheinen, sondern nur die Anwältin zu schicken. Was denkt die sich denn dabei, mich so an der Nase herumzuführen?«

Während Frantzen vor sich hin stierte, gab ich den Kollegen Bescheid, dass die Beobachtung vorbei war. Als ich mich wieder meinem Auftraggeber zuwandte, hatte der Tränen in den Augen. Das kannte ich inzwischen. Erst schimpfte er wie ein Rohrspatz, und einen Moment später war er plötzlich nur noch ein Häufchen Elend. Verzweifelt fragte er mich, was wir denn jetzt machen sollten. Die Anwältin hatte deutlich gemacht, dass ihre Mandantin in Zukunft keinen direkten Kontakt zu ihrem Mann wünschte. Ich versuchte, den aufgelösten Frantzen zu beruhigen und ihm klarzumachen, dass uns immer noch ein paar Wochen Zeit blieben und es keinen Grund gab, den Kopf in den Sand zu stecken. Wir konnten Nadine Bergstedt noch weiter beobachten und versuchen herauszufinden, wie Kollege Jochen mit Nachnamen hieß. Und dann gab es da noch Stefanie Frantzens ehemaligen Arbeitgeber. Wenn sie nicht gerade einen neuen

Freund mit großem Portemonnaie hatte, musste sie Geld verdienen und würde vielleicht wieder bei ihrer alten Firma anklopfen.

Nachdem Frantzen gefahren war, suchte ich die Nummer der Stadtwerke heraus. Ich gab vor, ein alter Schulfreund von Stefanie Frantzen zu sein, der sie zu seiner Hochzeit einladen wollte, aber leider ihre Telefonnummer und Adresse verschlampt hatte. Ich erfuhr, dass Stefanie Frantzen in zwei Wochen wieder anfangen würde, bei den Stadtwerken zu arbeiten, und dann vormittags telefonisch erreichbar sei. Die privaten Kontaktdaten wollte die Mitarbeiterin jedoch auf keinen Fall herausgeben. Ich fragte schließlich, ob sie mich mit Frantzens Bekannten Jochen verbinden könne, aber da es insgesamt drei Mitarbeiter mit diesem Vornamen gab, kam ich auch hier nicht weiter.

Am Abend rief Frantzen an. Er hatte sich den ganzen Nachmittag den Kopf zermartert, wie wir seine Frau aufspüren könnten, und dabei war ihm eingefallen, dass sie vor ihrem Auszug von einer Betriebsfeier der Stadtwerke erzählt hatte, zu der sie eingeladen war. Aus dem Altpapierstapel hatte er den Einladungsflyer gefischt: Die Feier stieg am kommenden Samstag, Beginn zwanzig Uhr. Das Ganze sollte eine Halloweenparty werden, mit Verkleidung, Kürbissen, viel Kunstblut und allem Pipapo. Frantzen selber hatte nichts für solche Veranstaltungen übrig und erst recht nichts fürs Verkleiden und ihr daher gleich gesagt, dass er nicht mitkäme. Seine Frau war von der Idee jedoch begeistert gewesen und hatte sich ein paar Tage später ein Hexenkostüm besorgt. Und nun wollte Frantzen, dass ich mich mit einer weiblichen Kollegin auf das Fest schmuggelte und beobachtete, was da zwischen seiner Frau und Kollege Jochen lief und wohin sie nach der Party fuhr.

Am Samstagabend warfen Julia und ich uns in Schale. In schwarzer Jeans und schwarzem Heavy-Metal-T-Shirt mit Teufelshörnern auf der Vorderseite fuhr ich bei Julia vor. Ich hatte mir außerdem das Gesicht weiß geschminkt, und meine Frau hatte mir einen Blutstropfen an den Mundwinkel gemalt.

»Was bist du? Eine Kreuzung aus Vampir und Teufelsanbeter?«, fragte Julia lachend.

»Keine Ahnung. Mit Kreuzungen kenn' ich mich nicht aus, da musst du Bauer Frantzen fragen. Und als was gehst du?«

Julia hatte die Halloween-Party zum Anlass genommen, sich so richtig herauszuputzen. Sie trug ein kurzes schwarz-glänzendes Kleid, eine Netzstrumpfhose und Lederstiefel. Um den Hals hatte sie sich ein langes Tuch geworfen, das fast bis zu den Knien herunterhing. Außerdem hatte sie ordentlich Make-up, Lippenstift und einen knallgrünen Lidschatten aufgetragen. Die Krönung war eine monströse, in sich verschlungene schwarze Kopfbedeckung. Das Gute war, dass Stefanie Frantzen uns mit dieser ganzen Verkleidung und Schminke später garantiert nicht wiedererkennen würde.

»Ich bin eine Waldfee«, erklärte Julia. »Sieht man doch, oder?«

Ich schmunzelte und hielt ihr wortlos die Autotür auf.

Zwei Stunden später parkten wir vor dem Lokal, in dem die Party stattfand, und postierten uns in der Nähe des Eingangs. Neben der Tür hing ein Schild: »Heute geschlossene Veranstaltung«. Davor fand an einem kleinen Tischchen die Einlasskontrolle statt. Zum Glück fragten die zwei jungen Damen die Gäste nicht nach ihren Ausweisen oder Namen; die meisten nannten nur die Abteilung, zu der sie gehörten. Wir hatten mehrere Fotos von Stefanie Frantzen dabei, außerdem wussten wir durch ihren Mann ungefähr, wie ihr Kostüm aussah: schwarzer Umhang, Besen und ein spitzer, ebenfalls schwarzer Hut mit breiter Krempe. An dem Hut würden wir seine Frau ganz sicher erkennen, hatte Frantzen mir versichert.

Wir musterten jeden, der die Einlasskontrolle passierte. Manchmal konnte man auf den ersten Blick nicht erkennen, ob unter dem Kostüm ein Mann oder eine Frau steckte. Einige der Gäste hatten sich als Vampire, Zombies oder Teufel verkleidet, manche trugen einen ausgehöhlten Kürbiskopf unterm Arm, andere hatten sich eine Scream-Maske aufgesetzt oder ein weißes Bettlaken mit ausgeschnittenen Gucklöchern übergeworfen. Ich war froh, dass Stefanie Frantzen sich nicht für eine Gespensterverkleidung entschieden hatte. Leider sah die Lage in Sachen Hexen nicht viel besser aus. Schätzungsweise sechzig Prozent der Frauen trugen einen spitzen schwarzen Hexenhut auf dem Kopf und einen dunklen Umhang.

»Das geht hier ja zu wie auf dem Blocksberg«, stöhnte Julia, nachdem die zwanzigste Hexe an uns vorbeimarschiert war. »Wahrscheinlich gab's die Hüte im Sonderangebot, oder die wurden im Betrieb verteilt. Wie sollen wir die Frantzen bloß erkennen?«

»Halt dich an die langen pechschwarzen Haare, die schmalen Augenbrauen und die vielen Sommersprossen.«

»Okay, aber was ist, wenn sie sich maskiert hat?« Julia zeigte auf eine Hexe mit falscher Hakennase und rothaariger Perücke: »Wir können die Dame schlecht fragen, ob wir mal unter ihre Perücke gucken dürfen.«

Während ich noch überlegte, was wir tun sollten, falls wir Stefanie Frantzen tatsächlich nicht entdeckten, sah ich eine zierliche Hexe mit Besen, Hut und dunklem Umhang näherkommen. Unter dem Hut lugten ein paar schwarze Strähnen hervor, das Gesicht war blass geschminkt. Um den Besenstiel hatte sie eine rote Schleife gebunden. Ich stieß Julia mit dem Ellenbogen an. Sie kniff die Augen zusammen und warf einen kritischen Blick auf die Frau, dann flüsterte sie: »Das ist sie.« Wir reihten uns in die Einlassschlange ein, und ich versuchte, über die Köpfe der Menge hinweg, Stefanie Frantzens Hut im Blick zu behalten. Doch keine Chance. Schnell drängten sich andere Hüte in mein Sichtfeld, und ich verlor sie. Als die Reihe schließlich an uns kam, murmelte ich »Energiewerk zwei«, und schon bekamen wir jeder ein Kürbisgesicht auf den Handrücken gestempelt und waren drin.

»Und jetzt?«, fragte Julia.

»Wir halten uns einfach an die rote Schleife an ihrem Besen«, schlug ich vor. Doch daraus wurde nichts. Als uns die Menge zur Garderobe gespült hatte, lehnte dort eine stattliche Ansammlung von Besen an der Wand, darunter auch einer mit roter Schleife. Der Großteil der Damen hatte anscheinend beschlossen, für den Rest des Abends auf ihren fliegenden Untersatz zu verzichten. Also verteilten wir uns im Partyraum. Julia blieb nahe am Ausgang, ich stellte mich an die Bar und scannte unauffällig die Hexen um mich herum.

Der Raum war eigentlich eine tolle Location. Eine ehemalige Industriehalle mit einer Bar, langen Büfetttischen, einigen runden Tischen zum Sitzen sowie einer großen Tanzfläche mit DJ-Pult. Leider war die Beleuchtung auf ein schummriges Dämmerlicht heruntergedimmt, für eine ausgelassene Party der Mächte der Finsternis genau richtig, für uns jedoch ein Albtraum. Außerdem war der gesamte Raum ebenerdig, sodass man die Menge von keinem Punkt überblicken konnte. Und für einen Tanz auf dem Tisch war es definitiv noch zu früh. Immer mehr Menschen strömten herein. Schon jetzt schätzte ich die Zahl der Gäste auf über dreihundert. Die meisten nahmen an den Tischen Platz, andere stellten sich in Grüppchen an die Bar, und als Michael Jackson gespielt wurde, wagten sich die Ersten auf die Tanzfläche.

Als wir Stefanie Frantzen nach einer Viertelstunde immer noch nicht entdeckt hatten, begannen wir, unauffällig den gesamten Raum zu durchforsten. Ich schlenderte am Büfett im Nachbarraum entlang und genehmigte mir erst mal ein paar Häppchen. Julia klapperte währenddessen die Tische ab. Als ich gerade die Tanzfläche mit den Augen absuchte, zog Julia mich am Arm. Sie hatte Stefanie Frantzen an einem der hinteren Tische entdeckt, die etwas versteckt hinter der Tanzfläche standen. Wir deckten uns mit Getränken und Spießen ein und setzten uns an einen Tisch in der Nähe. Stefanie Frantzen hatte ihren Umhang über die Stuhllehne gehängt, trug aber immer noch den Hut und ein lila Kleid. Mit ihr am Tisch saßen noch eine Hexe, eine Frau im weißen Gespensterkleid sowie zwei Männer in schwarzen Klamotten, der eine mit feuerroter Teufelsperücke, der andere erinnerte mit seiner grünen Mütze und der dicken Plastiknase entfernt an einen Kobold.

Was mir sofort ins Auge sprang, war, dass Stefanie

Frantzen viel offener und lebenslustiger wirkte als auf den Fotos, die Frantzen mir mitgegeben hatte. Auf den Bildern schaute sie ernst und etwas unsicher in die Kamera, an diesem Abend jedoch wirkte sie entspannt und gelöst. Ihren Mann konnte ich mir dagegen schlecht auf der Feier vorstellen, in seinen Cordhosen, Bauernstiefeln und mit seinem Gerede über Traktoren und Kühe. Ich gewann außerdem schnell den Eindruck, dass Stefanie Frantzen sich mit dem Teufelsmann, der rechts von ihr saß, besonders gut verstand. Ich fragte mich, ob das besagter Jochen war. Wenn ja, schien es ganz so, als ob Frantzen mit seinem Verdacht richtig gelegen hatte. Stefanie Frantzen und ihr Tischnachbar hatten sich viel zu erzählen, und alle paar Minuten brachen sie gemeinsam in lautes Lachen aus.

»Findest du nicht auch, dass sie sich mit dem Teufelskerl auffallend gut versteht? Das könnte unser Mann sein«, raunte ich Julia leise zu, weil wir nicht allein am Tisch saßen.

»Die beiden lachen und reden jedenfalls ziemlich viel miteinander, aber ich kann die Frantzen von hier nur von hinten sehen. Tauschen wir mal die Plätze?«

Nachdem Julia sich auf meinen Platz gesetzt und unsere Zielperson eine Viertelstunde lang aufmerksam beobachtet hatte, sah sie mich streng an.

»Ich weiß ja nicht, wo du hingeschaut hast, aber wenn die beiden was miteinander haben, fress' ich einen von diesen Hexenbesen.«

»Aber die flirten doch die ganze Zeit miteinander.«

»Ach was! Zwischen den beiden läuft garantiert nichts. Aber wir können ja wetten.«

So sicher war ich mir dann doch nicht. Wenn es um

Frauen geht, hat Julia meistens einen ziemlich guten Riecher. Für alle Fälle schoss ich für unseren Auftraggeber trotzdem ein paar Fotos, im Vordergrund Julia, im Hintergrund Stefanie Frantzen und der Teufelsmann. Auch den Kobold und die zwei Frauen lichtete ich vorsichtshalber mit ab.

Etwas später beobachtete ich, wie Stefanie Frantzen ihrem Kollegen etwas zuflüsterte, die beiden aufstanden und Richtung Ausgang gingen. Ich zwinkerte Julia triumphierend zu, schnappte mir die Kamera und schlich mit einigem Abstand hinterher. Erst dachte ich, die beiden würden sich drinnen in eine dunkle Ecke oder ins Auto verziehen, aber dann sah ich sie ein paar Meter neben dem Eingang am Zaun stehen. Der Teufelsmann war gerade dabei, Stefanie Frantzen Feuer zu geben. Ich blieb stehen und tat so, als würde ich eine SMS schreiben. Ein paar Minuten später hatten die beiden fertiggeraucht und gingen wieder hinein. Kein Kuss, keine Berührung, ich war, ehrlich gesagt, ein bisschen enttäuscht. Später marschierten sie zusammen auf die Tanzfläche. Doch auch da passierte nichts. Sie tanzte eher für sich, während er eine große Show abzog und auch mal andere Frauen antanzte. Julia nutzte das geschickt aus, indem sie ebenfalls kurz mit ihm tanzte und dabei seinen Namen erfuhr: Der Teufelsmann war tatsächlich Jochen.

Gegen halb zwölf und dann ein zweites Mal gegen eins rief unser Auftraggeber an und wollte wissen, ob wir seine Frau schon mit einem anderen erwischt hatten. Er klang nervös. Allein die Tatsache, dass seine Frau sich so spät noch auf der Feier aufhielt, schien ihn zu verunsichern. Ich versuchte ihm klarzumachen, dass wir bisher nichts Verdächtiges bemerkt hatten, doch das beruhigte ihn nur wenig. Als er gegen halb zwei noch mal anrief, ging ich nicht ran.

Das Ende vom Lied war, dass Stefanie Frantzen gegen zwei ihre Sachen zusammenpackte, während Jochen gerade die Gespensterfrau im Arm hatte und ihr durchs Haar strich. Stefanie Frantzen schien das überhaupt nicht zu stören, sie lachte nur, als sie sich von den beiden verabschiedete. Julia hatte eindeutig recht gehabt. Frantzens Frau hatte sich einfach nur einen netten Abend gemacht – wer weiß, ob ihr Mann überhaupt schon mal mit ihr tanzen gegangen war. Julia und ich brachen ebenfalls auf und folgten Stefanie Frantzens Taxi bis vor die Tür eines Mehrfamilienhauses in einer ruhigen Wohngegend ein paar Kilometer weiter. Nachdem sie im Haus verschwunden und das Flurlicht ausgegangen war, warf ich einen Blick auf die Klingelschilder, dann fuhren wir nach Hause, ich mit dem guten Gefühl, dass wir unseren Auftrag erfolgreich erfüllt hatten, Julia mit den Telefonnummern von zwei Verehrern in der Handtasche.

Als ich am nächsten Tag zu unserem Auftraggeber fuhr, war auf dem Hof niemand zu sehen. Auf mein Klingeln öffnete mir ein wortkarger Bauer Frantzen. Er hatte dunkle Ringe unter den Augen und sah aus, als ob er die ganze Nacht kein Auge zugemacht hatte. Wie bei unserem ersten Treffen setzten wir uns in die Stube, nur dass es diesmal weder Kaffee noch Kuchen gab und Frantzen nicht mich ansah, sondern mürrisch auf die Tischdecke starrte.

»Ich habe gute Nachrichten, Herr Frantzen«, fing ich an. »Wir haben die neue Adresse Ihrer Frau herausgefunden. Sie hat sich eine Wohnung in der Stadt genommen, und so, wie es aussieht, lebt sie dort allein, jedenfalls steht nur ihr Name auf dem Klingelschild. Außerdem habe ich recherchiert, in dem Haus gibt es nur Einzimmerwohungen. Die zweite gute Nachricht ist: Ihre Frau hat keine Affäre mit einem ihrer Kollegen. Sie hat sich auf der Feier nur unterhalten, gegessen, getrunken, viel getanzt, sonst war da nichts. Sie können also, sobald Sie wollen, zu ihr fahren und mit ihr sprechen.«

Ich wollte Frantzen gerade vorschlagen, dass ich ihm in den nächsten Tagen den Bericht fertig machen und in die Post stecken würde, da polterte er plötzlich los.

»Sie haben doch nur nicht richtig aufgepasst! Sie glauben doch nicht im Ernst, dass Stefanie den ganzen Umzug allein hingekriegt hat! Ich sage Ihnen, da gibt es einen anderen Mann. Vielleicht haben sie sich gestern nur vor den Kollegen zusammengerissen. Haben Sie Fotos gemacht?«

Ich zeigte ihm die Bilder, die wir am Abend zuvor gemacht hatten. Als ich ihm die Fotos mit dem Teufelsmann zeigte, nickte er grimmig.

»Das ist dieser Jochen. Sitzt direkt neben meiner Frau. Sehen Sie nicht, wie die ihn anlacht? Das sieht doch ein Blinder, dass da was im Busch ist. Sie sind halt zu früh abgehauen. Bestimmt ist er später noch zu ihr gefahren, als Sie schon längst im Bett lagen.«

Jetzt wurde es mir zu bunt.

»Herr Frantzen, ich will Ihnen nicht zu nahe treten, aber ich glaube, Ihre Frau hat ganz einfach Spaß daran, unter Leuten zu sein und ab und zu mal einen Abend durchzutanzen. So wie ich das sehe, hat sie sich gestern einfach gut amüsiert. Und was diesen Jochen betrifft: Der war am Ende des Abends mit einer der Blondinen zugange. Und Ihre Frau hat das überhaupt nicht gestört. Ich bin mir ganz sicher, Sie irren sich.«

Ein langes Schweigen folgte. Schließlich gab Frantzen mürrisch zu, dass ich vielleicht recht hatte, was den Kollegen seiner Frau betraf. Trotzdem war er nicht davon abzubringen, dass es einen anderen Mann geben musste – vielleicht hatte sie beim wöchentlichen Sport mit Nadine jemanden kennengelernt. Oder, noch schlimmer: Sie hatte die Sporttermine nur vorgeschoben und sich in Wirklichkeit in der Zeit mit einem anderen getroffen. Bevor er nicht wusste, was Sache war, wolle er jedenfalls nicht mit seiner Frau sprechen, erklärte er. Nach einigem Hin und Her vereinbarten wir, dass Julia und ich seine Frau während der nächsten fünf Tage noch mal beobachten und wir danach weitersehen würden.

Montag früh postierten Julia und ich uns vor Stefanie Frantzens Haus. An diesem Tag verließ sie es nur, um mit dem Hund spazieren zu gehen. Für Julia und mich hieß das, stundenlang im Auto zu hocken und die Zeit totzuschlagen. Wenn man nicht gerade in einer belebten Großstadt, sondern auf dem Dorf oder – wie in diesem Fall – in einem ruhigen Wohnviertel beobachtet, verlässt man das Auto so selten wie nötig, damit einen die Anwohner nicht bemerken. Aus dem gleichen Grund trägt man beim Beobachten dunkle Kleidung. Auf diese

Weise fällt einem Vorbeigehenden meistens gar nicht auf, dass im Wagen jemand sitzt.

Viele Leute stellen es sich sehr einfach vor, im Auto zu sitzen und ein Haus zu beobachten. In Wirklichkeit ist es sehr schwierig – und unheimlich anstrengend. Gerade wenn stundenlang nichts passiert, ist die Gefahr groß, dass die Konzentration schwindet und man etwas Entscheidendes verpasst – eine Gardine, die sich zur Seite schiebt, ein Schemen, der im Hausflur sichtbar ist, ein Licht, das kurz an- und gleich wieder ausgeht. Also muss man permanent auf der Hut sein. Wie ein Krokodil, das scheinbar unter der Wasserfläche döst, in Wirklichkeit aber auf der Lauer nach Beute liegt, muss man immer ein kleines Alarmfenster offen haben. Egal ob man bereits todmüde ist, Musik hört – oder gerade die steifen Glieder lockert, die man schon seit Stunden nicht mehr bewegt hat.

Stefanie Frantzen bot uns auch am folgenden Tag kaum Möglichkeit, uns die Beine zu vertreten. Sie verließ das Haus nur für die obligatorischen Hundespaziergänge sowie eine nachmittägliche Fahrt zum Baumarkt. Mit Farbeimer, Rolle und Folie kehrte sie zurück. Man hätte meinen können, sie hätte fröhlich und glücklich wirken müssen, weil sie dabei war, sich in ihrem neuen Leben einzurichten, aber als sie mit ihren Heimwerker-Einkäufen zum Haus ging, wirkte sie etwas niedergedrückt. Das war nicht die Stefanie Frantzen, die wir auf der Party beobachtet hatten. Besuch bekam sie an diesen beiden Tagen nicht, und sie traf auch niemanden.

Nach diesen langweiligen Tagen im Auto, an denen das Spannendste Julias Erzählungen von ihren zwei neuen Männerbekanntschaften waren, tat sich am Mittwoch endlich etwas. Am Nachmittag kam Stefanie Frantzen mit einem großen Rucksack aus dem Haus und fuhr mit dem Auto Richtung Stadtzentrum. Vor einem großen Fitnessstudio mit Leuchtschrift parkte sie und stieg aus. Julia sah mich genervt an. Sie hatte gehofft, dass wir um den Sport herumkommen würden, doch jetzt hieß es, die fertig gepackten Taschen von der Rückbank schnappen und hinterher. Immerhin, es würde Frantzen sicherlich beruhigen, wenn wir ihm berichten konnten, dass seine Frau tatsächlich zum Sport ging.

Im Foyer waren auf eine kleine weiße Tafel mit Edding die Kurse geschrieben, die gleich beginnen würden. Mir fiel wieder ein, dass Frantzen ja von »Hüpfen mit Musik« gesprochen hatte.

»Bauchtanz oder Step-Aerobic, du hast die Wahl. Würde dir bestimmt beides guttun«, stachelte ich Julia an, die zwar gertenschlank, aber geradezu allergisch gegen Sportstudios ist. Da an den Kursen zu schätzungsweise achtundneunzig Prozent Frauen teilnahmen, war ich fürs Erste fein raus.

»Also zum Bauchtanz kriegen mich keine zehn Pferde. Aber Stefanie Frantzen vermutlich auch nicht. Ich nehm' den Aerobic-Quatsch«, seufzte Julia und schlurfte Richtung Umkleidekabine.

Nachdem erst Stefanie Frantzen in Begleitung ihrer Freundin Nadine Bergstedt und kurz darauf Julia hinter der Tür zu den Kursräumen verschwunden waren, ließ ich mir unter dem Vorwand, vielleicht Mitglied werden zu wollen, die Geräte erklären. Das war mir auch noch nicht passiert, dass ich meine Arbeitszeit mit Turnübungen zubrachte. Als knapp anderthalb Stunden um waren, setzte ich mich in den mit Matten ausgelegten Nebenraum, um mich zu dehnen. Kurz darauf ging die Tür zu den Kursräumen auf. Stefanie Frantzen und Nadine Bergstedt waren unter den Ersten, die herausströmten, verschwitzt, aber fröhlich lächelnd. Julia folgte ganz am Schluss der Frauengruppe. Mit rotem Gesicht und schweißnasser Stirn legte sie sich neben mich auf eine der Matten und streckte alle viere von sich.

»Wir haben ein Problem«, keuchte sie.

»Du hast dich so doll überanstrengt, dass ich den Fall ab jetzt allein beackern muss?«

»Schlimmer. Viel schlimmer«, schnaufte Julia und rollte sich schwerfällig auf den Bauch. »Ich hab den beiden zugehört. Die hatten sogar nach dem Power-Workout noch genug Puste zum Quatschen. Und jetzt rate mal, was die gleich noch vorhaben.«

»Keine Ahnung. Ein Besuch im Swingerclub? Eine geheime Teufelsbeschwörung?«

»Schwitzen«, antwortete Julia knapp. »Die wollen noch in die Sauna. Das kann doch echt nicht wahr sein! Jetzt muss ich mich auch noch nackig machen für diesen Bauern, entschuldige, Landwirt.«

»Ist doch nichts dabei«, grinste ich, »ich geh' seit Jahren jede Woche in die Sauna, einer meiner Fußballkollegen hat sich eine in den Garten gebaut, richtig schick mit Holzverkleidung.«

»Wie schön für dich«, fauchte Julia, »aber ich war das letzte Mal vor zwanzig Jahren in der Sauna. Ich hasse es, mich vor fremden Leuten auszuziehen, das kannst du mal schön allein durchziehen.«

Für mich ist Saunieren das Normalste der Welt, aber

ich kenne es aus anderen Situationen, dass ein Auftrag einen an die Grenzen dessen bringt, was man bereit ist, für einen Klienten zu tun. Einmal habe ich für einen älteren Herren ermittelt, der vermutete, seine um einiges jüngere Freundin arbeite nicht, wie sie behauptete, als Barfrau, sondern als Prostituierte. Ich fuhr zu dem Etablissement, und dieses entpuppte sich tatsächlich als Bordell. Und nicht nur das: Mehrmals konnte ich beobachten und dokumentieren, wie die leicht bekleidete Freundin mit Männern in einem der Hinterzimmer verschwand. Doch das genügte meinem Klienten nicht. Er wollte, dass ich selbst gegen Geld mit der jungen Frau ins Bett stieg. Alles andere, meinte er, wäre kein eindeutiger Beweis. An diesem Punkt musste ein Kollege übernehmen, der weniger Skrupel hatte als ich. Und keine Ehefrau. Im Fall Frantzen war die Lage allerdings nicht annähernd so dramatisch.

»Bind' dir doch ein Handtuch um, und spiel die verklemmte Schönheit vom Land«, schlug ich vor. »Vielleicht wird's auch noch aufregend, und die Damen haben da drinnen ein Date.«

Schließlich sah Julia ein, dass ich als Mann Stefanie Frantzen nackt schlecht die ganze Zeit anstarren konnte. Unter Stöhnen und Jammern willigte sie ein mitzukommen.

In Handtüchern und Badelatschen betraten wir den Saunabereich und lugten vorsichtig durch die Glastüren. Nachdem wir im ersten Raum nur ältere Frauen ausmachen konnten, entdeckten wir Stefanie Frantzen und ihre Freundin schließlich in der 80° Sauna. Außer den beiden befanden sich nur noch zwei ältere Herren in dem Raum, der eine mit ausladendem Hängebauch, der andere machte sich immer wieder durch lautes Schnaufen und Schmatzen bemerkbar. Die zwei waren ganz sicher keine Konkurrenz für Karsten Frantzen.

Nach dem Saunagang begaben sich die zwei Frauen in den Ruhebereich. Julia und ich schnappten uns in ein paar Metern Abstand jeder eine Liege. Nach einigen Minuten sah ich, dass sich ein glatzköpfiger Mann auf die freie Liege neben Stefanie Frantzen legte. Braungebrannt, muskulös, selbstsicheres Grinsen. Bevor er sich hinlegte, lächelte er die beiden an und nickte ihnen zu. Waren die drei hier verabredet? Nachdem der Glatzkopf einige Minuten in seinem Buch gelesen hatte, wandte er sich zu Stefanie Frantzen und flüsterte ihr etwas zu. Die sah irritiert von ihrer Zeitschrift auf. An ihrem Blick konnte ich ablesen, dass sie ihren Liegenachbarn weder kannte, noch kennenlernen wollte. Sie antwortete einsilbig und wandte sich danach sofort wieder ihrer Lektüre zu. Zehn Minuten später probierte der Mann sein Glück noch mal, doch auch diesmal ließ sie ihn abblitzen. Nach einem zweiten Saunagang machte sich Stefanie Frantzen auf den Heimweg, und der Rest des Abends verlief ereignislos. Davon abgesehen, dass Julia auf der Heimfahrt ausgiebig über die entweder unattraktiven oder steinalten Kerle in der Sauna lästerte und schimpfte, wie bescheuert es sei, dass manche Männer glaubten, das sei der richtige Ort, um Frauen anzubaggern. Sie würde sich auf so was auf keinen Fall einlassen. Auch in den nächsten Tagen kam sie immer wieder auf »dieses sinnlose Schwitzen« zurück. Ansonsten warteten wir vergeblich darauf, dass Stefanie Frantzen sich mit jemandem traf oder Männerbesuch bekam. Letztlich rechneten wir aber auch nicht mehr damit. Um ehrlich zu sein, war ich froh, dass sich Frantzens Verdacht nicht bestätigt hatte – weil ich dachte, dass der Fall damit endlich abgeschlossen war. Und weil ich irgendwie hoffte, dass die beiden noch eine Chance hatten.

Am Samstag rief ich wie vereinbart Karsten Frantzen an, doch niemand ging ran. Ich hinterließ eine Nachricht auf dem Anrufbeantworter. Erst am Abend rief Frantzen mich zurück. Die Mary, seine Lieblingskuh, sei krank, deshalb habe er sich nicht früher melden können. Er klang aufgeregt – ob wegen der kranken Kuh oder weil er gespannt auf die Ergebnisse meiner Beobachtung war, konnte ich nicht genau sagen. Nachdem ich ihm erzählt hatte, dass wir während der letzten fünf Tage rein gar nichts festgestellt hatten, was auch nur entfernt darauf hindeutete, dass seine Frau einen anderen hatte, war Frantzen ziemlich irritiert. Damit hatte er nicht gerechnet, und er wollte sich mit diesem Ergebnis auch nicht zufriedengeben. Er bestand darauf, dass ich weitermachte. Ich hätte Karsten Frantzen seinen Wunsch erfüllen können und mir damit eine weitere gut bezahlte Arbeitswoche gesichert, aber als Detektiv denkt man nun mal nicht immer wie ein Geschäftsmann. Wenn es um Liebe, Eifersucht und angeknackste Beziehungen geht, ist man immer auch ein bisschen Eheberater. Und in diesem Moment behielt der Eheberater in mir die Oberhand. Ich beschloss, Klartext zu reden.

»Herr Frantzen«, sagte ich, »ich könnte Ihre Frau auch noch drei Monate beobachten, aber ehrlich gesagt halte ich das für Zeit- und Geldverschwendung. Ich sage Ihnen: Ich werde nichts finden, weil es keinen anderen Mann gibt. Jedenfalls noch nicht. Aber wenn Sie das Gespräch mit Ihrer Frau noch länger aufschieben, dann lernt sie vielleicht irgendwann jemanden kennen. Sie ist schließlich eine attraktive und sympathische junge Frau.«

»Aber wenn sie keinen anderen hat, warum ist sie dann bloß weg von mir? Sie haben sie doch die ganze Woche beobachtet, was glauben Sie denn?«

Eine Frage, die einen geradezu dazu einlud, in mehrere Fettnäpfchen auf einmal zu treten. Ich versuchte, mich diplomatisch auszudrücken.

»Ich weiß es auch nicht, Herr Frantzen. Aber ich glaube, Ihre Frau ist gern unter Menschen. Sie amüsiert sich gern und will ab und zu auch was erleben. Vielleicht fühlt sie sich auf dem Hof manchmal einfach etwas … einsam.«

»Aber warum denn einsam? Sie hat doch mich und den Hund. Und die Kühe.«

»Aber Sie arbeiten doch den ganzen Tag, Herr Frantzen. Und mit den Kühen kann sie sich ja nicht wirklich unterhalten. Wann waren Sie denn das letzte Mal mit ihr im Restaurant? Oder zum Tanzen oder sonst wo?«

»Wissen Sie, mich zieht's halt nicht so in die Stadt. Ich hab doch hier auf dem Hof alles, was ich zum Leben brauche.«

»Aber Ihre Frau offensichtlich nicht. Ich glaube, Sie müssen versuchen, herauszufinden, woran es Ihrer Frau auf dem Hof fehlt. Vielleicht würde sie gern mehr mit Ihnen unternehmen. Vielleicht fehlt es ihr auch an Anerkennung. Ich kann mir zum Beispiel vorstellen, dass es ihr Spaß machen würde, halbtags in der Stadt zu arbeiten.«

»Aber …«, setzte Frantzen an.

»Und wenn sie das mit der Hausarbeit nicht mehr schaffen sollte, dann nehmen Sie sich halt eine Putzfrau. Da ist Ihr Geld besser investiert, als wenn Sie mich noch eine weitere Woche vor der Haustür Ihrer Frau postieren. Fahren Sie doch mal hin, Herr Frantzen. Nehmen Sie Blumen mit, laden Sie sie zum Essen ein. Und reden Sie mit ihr.«

Frantzen versprach, sich die Sache zu überlegen. Er bat mich, ihm am nächsten Tag schon mal Bericht und Rechnung zu schicken, und wollte sich melden, falls er mich noch mal brauchte.

Ich hatte eigentlich damit gerechnet, dass er mich spätestens am übernächsten Tag wieder anrufen würde, aber das tat er nicht. Erst einige Monate später meldete er sich – um fröhlich zu berichten, dass seine Frau samt Hund Ronnie vor ein paar Wochen wieder bei ihm eingezogen war, und um sich bei mir zu bedanken. So genau wollte er mir nicht verraten, was passiert war, aber es schien, dass er seiner Frau einige Zugeständnisse gemacht hatte. Er hatte ihr unter anderem versprochen, zweimal im Monat mit ihr in die Stadt zu fahren und dort etwas mit ihr zu unternehmen. Auf den Job bei den Stadtwerken war sie gar nicht so wild gewesen. Dafür hatte sie durchgesetzt, dass der kleine Anbau neben dem Haupthaus zu zwei Ferienwohnungen umgebaut und sie sich in Zukunft um die Vermietung und die Gäste kümmern würde. Ein Happy End auf ganzer Linie also – mal sehen, wie lange.

PENDO

Jan Becker

Du wirst tun, was ich will

Hypnose-Techniken für den Alltag. 256 Seiten. Hardcover

Wenn wir in den Supermarkt gehen, glauben wir, dass wir kaufen, was wir wollen. In Wirklichkeit haben andere längst vorher festgelegt, was wir kaufen sollen. So werden wir in vielen Alltagssituationen manipuliert. Und manipulieren selbst, ob bewusst oder unbewusst. Dabei sind die gleichen Techniken am Werk, die auch Hypnotiseure einsetzen. Mit diesen Methoden können wir sympathischer wirken oder sogar größere Lust beim Sex empfinden. Jan Becker, erfahrender Hypnosetrainer und bekannter Mentalmagier zeigt, wie wir das Wissen der Hypnotiseure gezielt für unsere Zwecke einsetzen können.
Mit Schritt-für-Schritt-Anleitung für die Durchführung einer kompletten Hypnose!

09/1058/01/R

PENDO

Guido Knopp
Die Sternstunden der Deutschen

In Zusammenarbeit mit Claudia und Mario Sporn. 296 Seiten mit 173 Abbildungen. Gebunden

Die Geschichte der Deutschen reicht mehr als 1000 Jahre zurück. Sie kennt bittere Stunden, die die Auseinandersetzung mit ihr lange Zeit schwierig und schmerzhaft machten – doch ebenso auch schöne, beglückende Momente. Was aber sind die »Sternstunden der Deutschen«? Was sind die ergreifendsten Momente unserer Geschichte? Die schönsten, die spannendsten Momente, die unsere Identität als Deutsche geprägt haben?
Guido Knopp hat 100 deutsche Sternstunden versammelt, in denen sich die vielfältige Geschichte unseres Landes widerspiegelt. Denn nicht nur politische Ereignisse wie der Fall der Mauer oder Brandts Kniefall in Warschau haben sich in unser kollektives Gedächtnis eingeprägt, sondern auch solche, in denen Emotionen eine große Rolle spielten – denken wir nur an das »Wunder von Bern« oder den Besuch John F. Kennedys in Berlin. Nicht zu vergessen die herausragenden Leistungen deutscher Forscher wie Einstein, Planck und Röntgen, die der Wissenschaft entscheidende Impulse verliehen haben.

09/1052/01/R

PIPER

Arne Dahl

Zorn

Thriller. ca 480 Seiten. Kartoniert

Ein renommierter plastischer Chirurg wird erhängt in seinem Haus gefunden. In einer Stockholmer Kneipe stirbt ein albanischer Waffenhändler zusammen mit vier anderen im Kugelhagel eines kühl agierenden Killers. Und auf der ehemaligen italienischen Gefangeneninsel Capraia findet ein hochrangiger Politiker den Tod. Die international ermittelnde Opcop-Gruppe soll das schier Unmögliche möglich machen und die Zusammenhänge zwischen diesen Morden aufdecken – sie stößt auf zwei parallele Serienmörder. Einer von ihnen hat es auch auf die Mitglieder des Teams abgesehen … »Zorn« erzählt von jahrzehntelanger Rache, von Schuld und dem Wert der Menschlichkeit. Mit dem zweiten Fall aus seinem Thriller-Quartett um die Opcop-Gruppe stößt Arne Dahl in neue Dimensionen vor und erntet international höchstes Lob.

01/2008/01/R